Deutsch mit Olli 4

Sprachbuch

Arbeitsheft
LEICHT | BASIS

erarbeitet von
Christine M. Kaiser
Lisa Wegerle

illustriert von
Sandra Reckers
Christian Bartz
Petra Eimer
Axel Nicolai

Deine **interaktiven Gratis-Übungen** findest du hier:

1. Gehe auf scook.de.
2. Gib den unten stehenden Zugangscode in die Box ein.
3. Hab viel Spaß mit deinen Gratis-Übungen.

Dein Zugangscode auf
www.scook.de

Die Gratis-Übungen können dort nach Bestätigung der AGB und Lizenzbedingungen genutzt werden.

hojh-4k-8yrf

Cornelsen

Inhalt

Inhalt

Unsere Strategien
(ω) Wörter in Silben gliedern
(Aa) Wörter großschreiben
(ϟ) Wörter ableiten
(↪) Wörter verlängern
(M) Merkwörter

LEICHT BASIS

Richtig oder falsch?

Mit diesen Fragen kannst du dein Wissen überprüfen.

Lies genau und entscheide, ob richtig oder falsch. Kreuze an.

Trage die angekreuzten Buchstaben nacheinander auf Seite 5 ein, um das Rätsel zu lösen.

	Richtig	Falsch
Verschrieben und der **Schreibtisch** gehören zu einer Wortfamilie.	☐ D	☐ P
Verben können in der Grundform oder einer Personalform stehen.	☐ U	☐ A
A, e, i, o, u sind Vokale.	☐ H	☐ U
Doppelte Mitlaute folgen nie nach einem kurzen Selbstlaut.	☐ R	☐ A
Der Baum und **der Stuhl** sind abstrakte Nomen.	☐ L	☐ S
Namen für Gefühle sind auch Nomen.	☐ T	☐ E
Wörter mit den Endungen **ig** und **lich** sind Adjektive.	☐ D	☐ S
Der **Luchs, sechs** und der **Ochse** sind Merkwörter.	☐ I	☐ E
Satzglieder kann ich nicht umstellen.	☐ S	☐ R
Ich schreibe ein Wort mit **a/äu**, wenn es ein verwandtes Wort mit **e/eu** gibt.	☐ E	☐ R
Der Redebegleitsatz steht in Anführungszeichen.	☐ K	☐ I
Ich, du, er sind Pronomen.	☐ C	☐ J
Die Grundform von **er liebt** ist **lieben**.	☐ H	☐ D
Der Satz „**Früher fuhr ich gerne Laufrad**." steht im Präteritum.	☐ T	☐ E
Das Präsens nutze ich, wenn etwas jetzt passiert.	☐ I	☐ A

	Richtig	Falsch
Der **Vampir** und der **Vogel** sind Merkwörter.	☐ G	☐ F
Ein Verb verlängere ich, indem ich die Grundform des Verbs suche.	☐ V	☐ W
Die Wörter **Brief, Brot, bauen** sind nach dem Alphabet geordnet.	☐ O	☐ I
Zusammengesetzte Nomen kann ich nur aus einem Nomen und einem Verb zusammensetzen.	☐ N	☐ E
Nach dem Prädikat frage ich mit „**was tut?**“	☐ L	☐ U
Das Subjekt kann aus mehreren Wörtern bestehen.	☐ G	☐ H
Die 1. Vergleichsstufe von **gut** ist **am besten**.	☐ L	☐ E
Das Adjektiv **superschlau** wurde aus zwei Adjektiven zusammengesetzt.	☐ M	☐ H
Wörter trenne ich nie nach Sprechsilben.	☐ U	☐ E
Vor **und/oder** steht immer ein Komma.	☐ B	☐ R
Der Redebegleitsatz steht immer hinter der wörtlichen Rede.	☐ S	☐ K
Hai, Mais und **Kaiser** sind Merkwörter.	☐ T	☐ D

Lösung:

☐☐ ☐☐☐☐ ☐☐☐

☐☐☐☐☐☐☐

☐☐☐☐ ☐☐☐☐☐☐☐ !

Präsens und Präteritum

1 Lies den Kasten.

Verben sagen, in welcher Zeit etwas passiert.
Das Präsens (Gegenwart) benutze ich, wenn etwas jetzt passiert.
Das Präteritum benutze ich, wenn ich über frühere Ereignisse schreibe.
Früher hatten Fahrräder keine Ketten. Heute haben Fahrräder Ketten.

2 Markiere die Verben.

Heute

Früher

Heute hat Emil viele Haare.
Früher hatte Emil wenig Haare.

Heute fährt Emil Fahrrad.
Früher fuhr Emil mit einem Rutschauto.

Heute bekommt Emil ein Sachbuch zum Geburtstag.
Früher bekam Emil ein Bilderbuch zum Geburtstag.

Heute geht Emil in die Schule.
Früher ging Emil in die Kinderkrippe.

3 Verbinde die zusammengehörigen Verben im Präsens und Präteritum

Präsens (Heute)	Präteritum (Früher)
er hat	er ging
er geht	er musste
er fährt	er hatte
er bekommt	er bekam
er muss	er fuhr

Präsens und Präteritum

1 Schreibe die Verbformen im Präsens und im Präteritum zu den Grundformen.

~~läuft~~ muss vergisst bekommt fährt überrascht

fuhr musste überraschte bekam vergaß lief

Grundform	Präsens	Präteritum
laufen	läuft	
fahren		
müssen		
vergessen		
überraschen		
bekommen		

2 Setze die Verbformen im Präteritum aus **1** passend ein.
Achtung: Eine Verbform passt zweimal.

Heute ______ es nicht gut für Carl.

Erst ______ er zuhause seinen Turnbeutel.

Dann ______ er versehentlich mit dem falschen Bus zur Schule

und ______ ein gutes Stück zu Fuß laufen. Fürs Zuspätkommen

______ er wieder einmal einen Rüffel vom Klassenlehrer. Dass er

schließlich für die schlampige Hausaufgabe nur eine Vier ______,

______ ihn auch nicht mehr. Welch ein Tag!

Das Perfekt kennenlernen

1 Lies den Kasten.

> **Das Perfekt** benutze ich, wenn ich von früheren Ereignissen **erzähle**.
> Im Perfekt braucht das Verb ein Hilfsverb (**haben** oder **sein**).
> Ich **esse** ein Eis. – Ich **habe** ein Eis **gegessen**.

2 Ergänze die passenden Personalformen von **haben** oder **sein**.

haben		**sein**	
ich habe	gegessen	ich bin	gerannt
du ______	angefangen	du ______	geklettert
er ______	gekocht	sie ______	geschwommen
wir ______	gelesen	wir ______	gesprungen
ihr ______	gesungen	ihr ______	gelaufen
sie ______	gespielt	sie ______	gefahren

3 Verbinde die passenden Sätze im Präteritum und im Perfekt.

Ich aß.	Ich bin gerannt.
Ich spielte.	Ich habe gegessen.
Ich rannte.	Ich bin geklettert.
Ich kletterte.	Ich habe gespielt.

4 Markiere in **3** die Verben und die Hilfsverben.

Sprachbuch Seite 17

Das Perfekt kennenlernen

1 Unterstreiche in den beiden Texten die Verbformen im Perfekt und Präteritum.

Gestern radelte ich mit Mama zum See. Wir angelten zwei Forellen. Zuhause bereitete ich mit Opa die Fische zum Braten vor. Nach dem Säubern würzten wir sie gründlich. Anschließend brieten wir die beiden Forellen. Nach dem Braten servierte ich sie auf einem Gemüsebett. Sie schmeckten uns allen sehr gut.

Gestern bin ich mit Mama zum See geradelt. Wir haben zwei Forellen geangelt. Zuhause habe ich mit Opa die Fische zum Braten vorbereitet. Nach dem Säubern haben wir sie gründlich gewürzt. Anschließend haben wir die beiden Forellen gebraten. Nach dem Braten habe ich sie auf einem Gemüsebett serviert. Sie haben uns allen sehr gut geschmeckt.

2 Schreibe die Verbformen geordnet auf.

Präteritum	**Perfekt**
ich radelte	

Abstrakte Nomen

1 Lies den Kasten.

Nomen (Substantive) sind Namen für Menschen, Tiere, Pflanzen und Dinge (= **konkrete Nomen**). Namen für Gefühle und Begriffe heißen **abstrakte Nomen**.
das Abenteuer, der Durst, die Idee, der Traum

2 Markiere alle abstrakten Nomen.

- Abenteuer
- sitzen
- Idee
- Fehler
- Durst
- Traum
- Gerede
- hüpfen
- lesen
- malen
- Zeit
- Hoffnung
- bauen

3 Schreibe alle abstrakten Nomen aus 2 mit Artikel auf.

das Abenteuer,

4 Welche abstrakte Nomen spielt Olli dir vor?

Abstrakte Nomen

1 Verbinde.

die Idee

das Fahrrad

der Geburtstag

die Landkarte

konkrete Nomen

die Woche

der Traum

die Freude

abstrakte Nomen

der Ausflug

die Fahrradklingel

das Abenteuer

der Großvater

der Schmetterling

2 Schreibe die abstrakten Nomen aus 1 passend in den Text.

Letzte ______________ feierte Mila

ihren zehnten ______________.

Über die ______________ ihres Großvaters

für ein Geschenk freute sie sich ganz besonders.

Ihre ______________ war deshalb so groß,

weil Opa ihr einen lang gehegten ______________ erfüllte:

Er schenkte ihr einen mehrtägigen ______________ mit dem Fahrrad,

auf dem sie ganz viele ______________ erleben würden.

Nomen mit -heit, -keit, -nis und -ung

1 Lies den Kasten.

> An den Wortbausteinen -**heit**, -**keit**, -**nis** und -**ung** erkenne ich Nomen.
> Mit diesen Wortbausteinen kann ich aus Adjektiven und Verben Nomen bilden.
> aufregen – die Aufregung, schön – die Schönheit, pünktlich – die Pünktlichkeit,
> erleben – das Erlebnis

2 Markiere die Endungen **-heit** und **-keit**, jeweils in einer Farbe.

die Schwierigkeit	die Freiheit
die Notwendigkeit	die Gesundheit

3 Schreibe die Nomen aus **2** passend in die Tabelle.

-heit	-keit
die Freiheit	

4 Markiere die Endungen **-nis** und **-ung** jeweils in einer Farbe.

das Erlebnis	die Verantwortung
die Wildnis	die Haltung

5 Schreibe die Nomen aus **4** passend in die Tabelle.

-nis	-ung
das Erlebnis	

 Sprachbuch Seite 19

Nomen mit -heit, -keit, -nis und -ung

1 Unterstreiche im Text die Nomen mit **-heit, -keit, -nis** und **-ung**.

Die Haltung von Ameisen in einem Terrarium ist mit einer großen Verantwortung für die kleinen Tierchen verbunden. Im Nest darf auf keinen Fall Trockenheit entstehen. Darunter würde die Gesundheit der Ameisen erheblich leiden. Die Notwendigkeit eines schattigen Plätzchens für das Terrarium ist ebenfalls nicht zu unterschätzen. Dasselbe gilt für die Sauberkeit im Nest. Ein Versäumnis bei der Wahl des Standortes könnte den Ameisen sehr schaden. In der Wildnis finden sie selbst den besten Platz, um ihr Nest zu bauen.

2 Schreibe die Nomen aus 1 passend zu den Adjektiven und Verben.
Markiere die Endungen der Nomen.

halten die Haltung

verantwortung ______

notwendig ______

sauber ______

versäumen ______

wild ______

trocken ______

gesund ______

Nomen im Satz erkennen Ⓐⓐ

1 Lies den Kasten.

Artikelwörter (Begleiter) können dir helfen, ein Nomen zu erkennen.
Artikelwörter stehen nicht immer direkt vor dem Nomen.
Das Fahrrad hat eine große, blaue Klingel. Mein neuer Roller ist rot.

2 Ersetze den Artikel durch ein anderes Artikelwort.

Der Roller steht drinnen.

Dein Roller steht drinnen. — Dein

Das Kind spielt draußen.

______________________ — Ein

Die Hasen springen hoch.

______________________ — Unsere

Die Autos hupen laut.

______________________ — Viele

3 Markiere das Artikelwort und das Nomen.

Dein roter Roller steht drinnen.

Ihr alter Roller steht drinnen.

Ein schöner Roller steht drinnen.

Der schnelle Roller steht drinnen.

Unser kaputter Roller steht drinnen.

Nomen im Satz erkennen

1 Setze die Artikelwörter passend ein. Markiere das dazugehörige Nomen.
Achtung: Manche Artikelwörter passen mehrfach.

~~sein~~	keine	ein	dem	seinen	vielen	das	seine

Gestern entdeckte Leo sein Traumrad.

Vor ______ Spielplatz stand ______

quietschbunte Gefährt zwischen ______

anderen Fahrrädern und ______ roten

Roller von Kim. Dass ______ Roller da herumstand, freute Leo sehr.

Vielleicht wusste sie ja, wem ______ tolle Rad gehört. Dann könnte

er ______ Besitzer oder ______ Besitzerin fragen, wo es

gekauft wurde. Doch Kim hatte ______ Ahnung. Und auch ______

anderen Kinder konnten ihm nicht weiterhelfen. „Aber vielleicht finde ich

in ______ neuen Fahrradgeschäft ja ______ ähnliches Schmuckstück."

2 Schreibe die markierten Nomen aus **1** mit ihrem bestimmten Artikel auf.

das Traumrad,

Eigennamen

1 Lies den Kasten.

Eigennamen schreibe ich groß. Sie können aus mehreren Wörtern bestehen.
Deutschland, das Rote Rathaus, der Große Wagen

2 Verbinde die Eigennamen mit dem passenden Foto.

die Siegessäule
das Brandenburger Tor
der Zoologische Garten Berlin
das Rote Rathaus

3 Unterstreiche in 2 die großen Anfangsbuchstaben.

4 Schreibe die Eigennamen unter die Bilder.

die Bremer Stadtmusikanten • das Deutsche Technikmuseum • Berlin

die Bremer Stadtmusikanten

Eigennamen

1 Unterstreiche alle Eigennamen im Text.

Im Sommer machte die Klasse 4a einen Ausflug nach Berlin. Vom Brandenburger Tor aus erkundeten die Kinder mit zwei Bussen die Stadt. Während eine Gruppe zwei Stunden im Deutschen Technikmuseum verbrachte, besuchte die andere den Zoologischen Garten Berlin. Auf dem Weg dorthin fuhr der Bus an der Siegessäule vorbei, die golden in der Sonne glänzte. Nachdem alle sich vor der Gedenkstätte Deutscher Widerstand wiedergetroffen hatten, ging es gemeinsam weiter zum Deutschen Historischen Museum. Den krönenden Abschluss des Ausflugs bildete aber die Aufführung der Bremer Stadtmusikanten in der Deutschen Oper Berlin.

2 Schreibe die Eigennamen auf. Markiere die Großbuchstaben am Anfang.

das Brandenburger Tor

Satzglieder umstellen und erkennen

1 Male die Satzglieder in den vorgegebenen Farben an.

Der Wind	weht	diesen Herbst	stark
Der Wind	weht	diesen Herbst	stark.
Weht	der Wind	diesen Herbst	stark?
Diesen Herbst	weht	der Wind	stark.
Stark	weht	der Wind	diesen Herbst.

2 Trage die Satzglieder richtig ein.
Achte auf die Groß- und Kleinschreibung.

Die Äpfel	schmecken	heute	lecker.
Die Äpfel			

 Sprachbuch Seite 28

Satzglieder umstellen und erkennen

1 Baue den Satz nach den vier Farbmustern um und schreibe die Sätze auf.

Die Kürbisse | in unserem Garten | sind | schon seit Tagen | reif .

Schon seit Tagen

2 Finde noch mindestens eine weitere Möglichkeit, die Reihenfolge der Satzglieder zu verändern. Schreibe den Satz auf.

Mit Adjektiven vergleichen

1 Lies den Kasten.

Mit **Adjektiven** kann ich vergleichen. Dazu muss ich sie steigern.
Olli ist **lustig**. Das Gedicht ist **lustiger**. Ein Witz ist **am lustigsten**.

Grundform	1. Vergleichsstufe	2. Vergleichsstufe
lustig	lustiger	am lustigsten

2 Markiere die drei zusammengehörenden Adjektive in eniner Farbe.

durstig	mutiger	am mutigsten
mutig	durstiger	am zotteligsten
saftig	zotteliger	am durstigsten
zottelig	saftiger	am saftigsten

3 Setze die Adjektive richtig ein.

~~zotteliger~~	saftiger	mutiger	durstiger

Fiete ist zotteliger als Olli.

Mila ist ________________ als Emil.

Die Orange ist ________________ als die Birne.

Oma ist ________________ als Opa.

Mit Adjektiven vergleichen

1 Ergänze die fehlenden Grundformen und Vergleichsstufen.

Grundform	1. Vergleichsstufe	2. Vergleichsstufe
durstig	durstiger	am durstigsten
frostig		
	mutiger	
		am listigsten
	wichtiger	
heftig		

2 Setze die Vergleichsstufen passend ein.

kräftig | gefährlich | lieber | heller | größer | kälter

Ein Orkan ist gefährlicher ______ als eine Windböe.

Ein Riese ist ______ als ein Zwerg.

Diese Lampe strahlt ______ als eine Kerze.

Am Nordpol ist es ______ als in der Sahara.

Der Mann ist ______ als der Junge.

Ich mag Schokolade ______ als Gummibärchen.

Adjektive bilden mit -ig, -lich und -isch

1 Verbinde die Wörter mit den passenden Adjektiven.

Ruhe	herzlich
Herz	launisch
Laune	ruhig
Ekel	sonnig
Himmel	freundlich
Sonne	himmlisch
Freund	eklig
Punkt	kindisch
Trauer	gefährlich
Gefahr	stürmisch
Sturm	traurig
Kind	pünktlich

2 Markiere in **1** die Endungen **-ig**, **-lich** und **-isch** in unterschiedlichen Farben.

3 Schreibe die Adjektive aus **1** in die Tabelle.

-ig	-lich	-isch
ruhig		

Adjektive bilden mit -ig, -lich und -isch

1 Verwandle die Nomen in Adjektive.

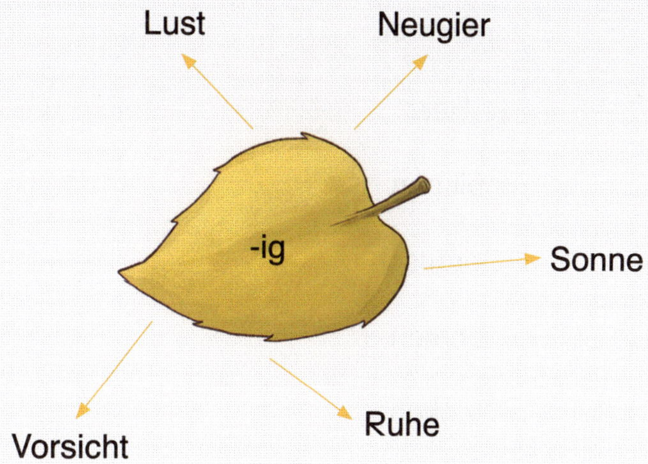

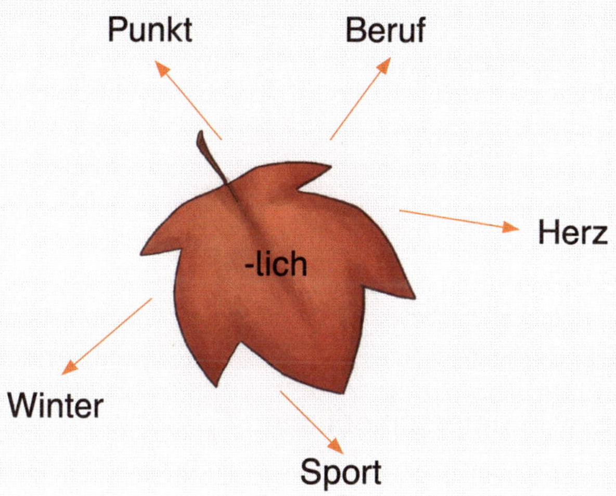

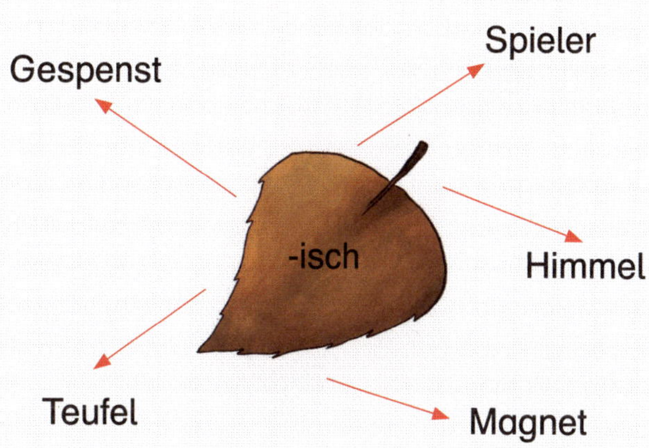

Adjektive bilden mit -bar, -los und -sam

1 Verbinde die Wörter mit den passenden Adjektiven.

machen	herzlos
Herz	biegsam
biegen	machbar
Geräusch	geräuschlos
achten	achtsam
trinken	lenkbar
lenken	schmerzlos
Schmerz	brennbar
mühen	schweigsam
Plan	trinkbar
brennen	mühsam
schweigen	planlos

2 Markiere in **1** die Endungen **-ig**, **-lich** und **-bar** in unterschiedlichen Farben.

3 Schreibe die Adjektive aus **1** in die Tabelle.

-bar	-los	-sam
machbar		

Adjektive bilden mit -bar, -los und -sam

1 Verwandle die Verben und Nomen in Adjektive.

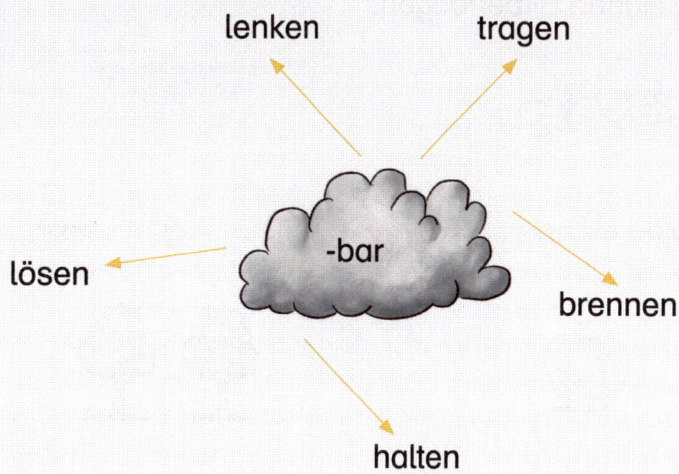

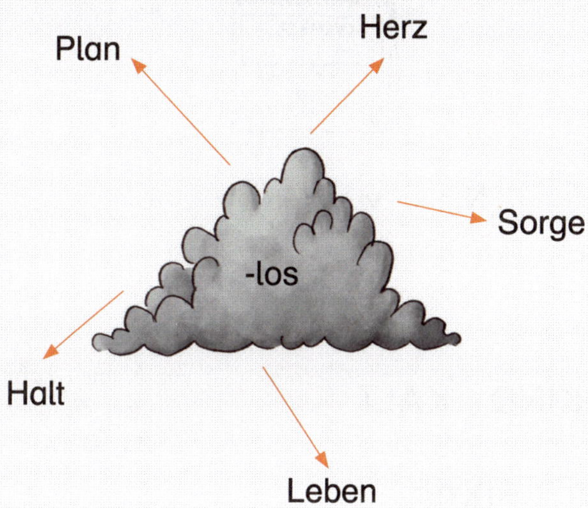

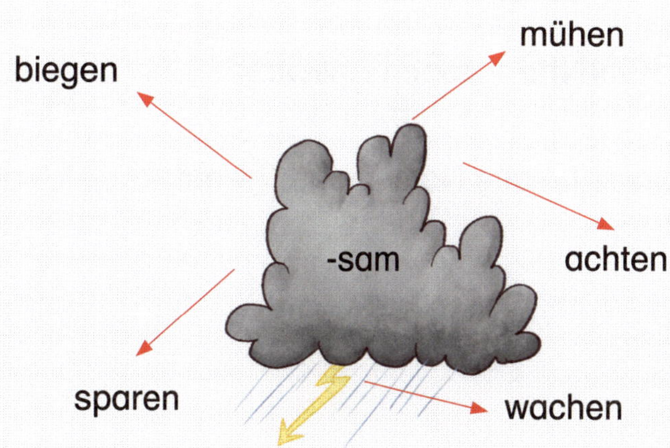

Strategien anwenden

1 Setze die passenden Selbstlaute, Zwielaute und Mitlaute ein. Zeichne Silbenbögen.

W i nd

R __ g __ n

Pf __ tz __

__ g __ l

__ pf __ l

B __ m __

Dr __ ch __ n

K __ rt __ ff __ l

F __ ld

N __ v __ mb __ r

2 Markiere die acht Nomen.

HERBST STÜRMISCH WIND KIND KALT

WINDIG GUMMISTIEFEL ÄPFEL NASS

FROSCH NACHT DÄMMRIG

SONNIG SEPTEMBER

3 Schreibe alle Nomen aus 2 auf.

Herbst,

Strategien anwenden

1 Zeichne Silbenbögen unter die Wörter.
Schreibe die Wörter anschließend mit den fehlenden Selbstlauten und Zwielauten richtig daneben.

K★rt★ff★l★rnt★ ______

F★ld★rb★t ______

W★tt★rb★r★cht ______

★rnt★m★sch★n★ ______

N★v★mb★rw★tt★r ______

2 Finde in jeder Schlange drei Nomen und schreibe sie mit ihrem Artikel auf.
Markiere bei jedem Nomen den Großbuchstaben am Wortanfang.

das Gemüse, ______

______

______

Strategien anwenden (W) (Aa) (⚡) (↪) (M)

1 Markiere den richtigen Buchstaben.

Zeichen	Wortanfang	oben	unten	Wortende
(M)		V	F	ater
(⚡)	Sch	ä	e	tze
(↪)	bun	d	t	
(Aa)		H	h	ase
(W)	Kett	e	i	n
(⚡)	H	äu	eu	ser
(M)	K	e	ä	se
(↪)	Kin	d	t	
(Aa)		F	f	rosch
(W)	knusp	a	e	rn
(W)	geh	e	a	n
(⚡)	l	eu	äu	ft
(M)		V	W	ase
(↪)	Hun	d	t	
(Aa)		d	D	ach

Bei (M) stehen die Merkwörter, bei (↪) musst du verlängern ...

2 Schreibe die Wörter aus **1** zu den passenden Zeichen.

(M) Vater, ______________________

(W) ______________________

(Aa) ______________________

(⚡) ______________________

(↪) ______________________

Strategien anwenden

1 Welche Strategie passt, um die markierten Stellen richtig zu schreiben? Schreibe die Wörter zum passenden Symbol.
Achtung: Manchmal passen zwei Strategien. Schreibe das Wort dann zu beiden Symbolen.

kennen · Kälte · Gießkanne · Käfer · Land · wohnen

witzig · Gebäude · Vater · Stuhl · wollen

knuspern · Häuser · lockig · Kasten · Käse · Fuß

Sängerin · taub · Kette · laut · wässern

Radweg · wärmer · vergessen · Kind · Schätze · Bezug

kennen,

Subjekt und Prädikat

1 Verbinde die Fragen mit den passenden Antworten.

Was tut Milo?	scheint
Was tut die Sonne?	fährt
Wer oder was leuchtet rot?	Milo
Wer oder was fährt zum Rathaus?	das Rathaus

2 Markiere das Prädikat rot.

Emil faltet den Brief.

Naomi holt einen Briefumschlag.

Mila schreibt die Adresse auf den Umschlag.

Milo fährt den Brief zum Rathaus.

3 Markiere das Subjekt blau.

Milo fährt zum Rathaus.

Die Sonne scheint.

Das Rathaus ist rot.

Der Himmel ist blau.

Subjekt und Prädikat

1 Bestimme in den Sätzen das Prädikat. Unterstreiche das Prädikat rot.

Die Kinder schreiben einen Brief.

Was tun die Kinder? Sie schreiben...

Milo bringt den Brief ins Rathaus.

Er fährt mit dem Fahrrad zum Rathaus.

Das Rathaus steht auf dem Marktplatz.

Milo steckt den Brief in den Briefkasten.

Der Junge kauft sich danach ein Eis.

2 Frage in den Sätzen in 1 nach dem Subjekt. Unterstreiche es jeweils blau. Schreibe die Subjekte auf.

Wer oder was schreibt, bringt, ...?

die Kinder,

Das zweiteilige Prädikat

1 Lies den Kasten.

> Das **Prädikat** kann aus zwei Teilen bestehen.
> **abholen** – Sami **holt** Mila am Bootshaus **ab**.

2 Markiere die beiden Teile des Prädikats.

vorlaufen	Emil und Ela laufen zum Bootshaus vor.
mitkommen	Sami und Mila kommen auch mit.
hinterherkommen	Milo kommt später hinterher.
zusammentreffen	Die Kinder treffen am Bootshaus zusammen.
aufschreiben	Sie schreiben ihre Ideen auf.
einwerfen	Milo wirft den Brief ein.

3 Teile das Prädikat und setze es passend ein.

eintreffen	Die Kinder treffen auf dem Spielplatz ein.
aufbauen	Die Handwerker ________ neue Spielgeräte ____.
ausprobieren	Die Kinder ________ die neue Rutsche ____.
zusammenspielen	Sie ________ schön ________.
mitbringen	Milo und Mila ________ Saft ____.
zuwerfen	Sami und Mila ________ sich einen Ball ____.

Sprachbuch Seite 41

Das zweiteilige Prädikat

1 Verwandele die Sätze wie im Beispiel. Unterstreiche dann das zweiteilige Prädikat.

Alle Kinder kommen im Bootshaus zusammen.

Alle Kinder wollen im Bootshaus zusammenkommen.

Sie schreiben ihre Wünsche für den neuen Spielplatz auf.

Zusammen bringen sie den Brief an die Bürgermeisterin weg.

Milo wirft ihn am Rathaus in den Briefkasten ein.

Die Kinder holen sich die Antwort der Bürgermeisterin ab.

Verben mit Vorsilben bilden

1 Schreibe.

zer	schneiden
ein	
ab	
aus	

zerschneiden ______________________

____

____

____

2 Was machen die Kinder? Kreuze an.

X	bestellen
	umstellen

	verkaufen
	einkaufen

	abschneiden
	ausschneiden

	zerreißen
	abreißen

3 Setze die angekreuzten Verben aus **2** passend ein.

Ela möchte eine Pizza bestellen ______________.

Mila geht ______________.

Milo soll einen Kreis ______________.

Sami will ein Papier ______________.

4 Markiere in **3** die vorangestellten Wortbausteine.

Verben mit Vorsilben bilden

1 Welche Vorsilbe passt? Markiere sie. Schreibe die Verben auf.

auf- / her-	schließen	ein- / aus-	malen	vor- / ent-	tanzen
ein- / um-	kaufen	zer- / nach-	reißen	weg- / an-	feuern

aufschließen,

2 Bilde Verben mit der Vorsilbe **be-**. Schreibe mit jedem Verb einen Satz.

beeilen: Sie beeilt sich sehr, um pünktlich zur Schule zu kommen.

be

be

be

Mit Konjunktionen Sätze verbinden

1 Lies den Kasten.

Weil und **denn** sind **Konjunktionen** (Bindewörter).
Mit Konjunktionen kann ich zwei Sätze zusammenfügen.
Die beiden Sätze werden durch ein Komma getrennt.
Sami freut sich, **denn** der neue Spielplatz ist super.
Sami freut sich, **weil** der neue Spielplatz super ist.

2 Verbinde die Satzteile zu Sätzen. Beide Möglichkeiten sind richtig.

Mila freut sich,	weil die Sonne scheint.
Emil lacht,	weil der Spielplatz eröffnet wird.

3 Schreibe die Sätze aus 2 auf.

Mila freut sich, weil

4 Markiere in 3 **weil** und das **Komma** davor.

5 Verbinde die Satzteile zu Sätzen. Beide Möglichkeiten sind richtig.

Sami jubelt,	denn das Klettergerüst ist super.
Oma strahlt,	denn der Spielplatz ist so schön.

6 Schreibe die Sätze aus 5 auf.

7 Markiere in 6 **denn** und das **Komma** davor.

Mit Konjunktionen Sätze verbinden

1 Markiere in den Sätzen, die mit **weil** und **denn** beginnen, jeweils die Personalform des Verbs.

Mila mag die Bürgermeisterin sehr, weil sie den Kindern half.

Mila mag die Bürgermeisterin sehr, denn sie half den Kindern.

Opa sitzt morgens im Sessel, weil er gerne gemütlich die Zeitung liest.

Opa sitzt morgens im Sessel, denn er liest gerne gemütlich die Zeitung.

Alle mögen den Spielplatz, weil er nahe beim Bootshaus ist.

Alle mögen den Spielplatz, denn er ist nahe beim Bootshaus.

2 Setze in den Sätzen jeweils die Konjunktion **weil** oder **denn** passend ein.

Im Stadtrat war lange über den Neubau diskutiert worden, denn eigentlich fehlte der Stadt das Geld für einen neuen Spielplatz.

Die Bürgermeisterin konnte den Stadtrat aber überzeugen, ________ sie gute Gründe für einen Neubau vorbrachte.

Nun sitzen die Kinder gerne auf dem neuen Kletterturm, ________ sie von dort oben einen guten Überblick über den Spielplatz haben.

Ela hockt lieber auf der Schaukel, ________ dort kann sie so schön vor sich hin träumen.

Milo ist noch immer sehr stolz auf sich, ________ er es geschafft hat, dass ein neuer Spielplatz gebaut wurde.

Sprachbuch Seite 43

Wörter mit ck und tz üben

1 Markiere neun Wörter mit **ck** und neun Wörter mit **tz**.

Der Wecker klingelt. Ela zieht ihren Rock an und kämmt ihre Locken. Dann setzt sie sich an den Tisch. Sie nimmt sich Kräcker und Plätzchen. Sie schmatzt. Das schmeckt lecker. Ela sieht aus dem Fenster. Überall Pfützen. Eine schmutzige Katze sitzt auf einem Pflock. Sie leckt ihr Fell trocken. Das sieht witzig aus. „Ist die putzig“, denkt Ela.

2 Schreibe die Wörter aus **1** geordnet in die Tabelle.

ck	tz
Wecker	

3 Markiere in **2** **ck** und **tz** und den kurzen Selbstlaut davor.

Wörter mit ck und tz üben

1 Schreibe Reimwörter mit **ck** und **tz**.

Wecker	schmatzen	Pflöcke	putzig
fleckig	Schätzchen	Locken	witzeln

2 Schreibe die Wörter mit **ck** und **tz** nach Silben getrennt in die Kästchen.

wecken setzen Pfütze locker schnitzen

Kräcker Brücke hetzen Glucke

schmutzig schützen wackeln

 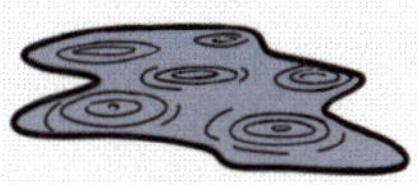  

we	–	cken	set	–	
	–			–	
	–			–	
	–			–	
	–			–	
	–			–	

Sprachbuch Seite 44

Wörter mit lk, nk, rk und lz, nz, rz

1 Schreibe die Wörter zu den passenden Bildern.

• ~~Merkheft~~ • Wolke • Geschenk • Anker • Bank • Markt

das Merkheft

2 Markiere in **1** **lk**, **nk**, und **rk**.

3 Markiere in den Wörter **lz**, **nz** und **rz** in verschiedenen Farben.

Holz	kurz	März	tanzen	pflanzen	Walze

4 Schreibe die Wörter geordnet auf.

lz

nz

rz

5 Schreibe einen Satz mit Wörtern aus Aufgabe **1** oder **3**.

Wörter mit lk, nk, rk und lz, nz, rz

1 Schreibe die verwandten Wörter in eine Zeile. Markiere **lk**, **nk** oder **rk** in unterschiedlichen Farben.

die Wolke schenken bewölkt aufmerksam
stinken der Anker das Merkheft stinkig werkeln
merken das Geschenk wolkig der Gestank
ankern die Werkstatt verschenken Werk die Ankerkette

die Wolke, ___

___

___

___

___

___

2 Was passt? Setze **lz**, **nz** oder **rz** passend ein.

„Ich habe kü ☐ lich an der Gre ☐ e zum Nachbargarten einen Fliegenpi ☐ gesehen“, erzählt Mila. „He ☐ lichen Glückwunsch, du Glückspi ☐ !“, ruft Naomi und ergä ☐ t: „Das bringt wirklich Glück.“ Ela fragt: „Stand da nur ein ei ☐ elner Pi ☐ oder waren es mehrere?“ Mila zuckt mit den Schultern: „Keine Ahnung, ich habe nur ganz ku ☐ hingeschaut. Er lugte unter dem Ho ☐ brett des Gartenzauns hervor.“

Wörtliche Rede

1 Setze die Redezeichen passend ein.

Mila fragt: „Welchen Film wollen wir sehen?“

Ela überlegt: Der Film mit den Monstern soll toll sein.

Mila bestätigt: Oma fand den Film auch super.

Naomi ergänzt: Deine Oma fand den Film auch gruselig.

Mila lacht: Aber nur ein bisschen.

Ela schwärmt: Super. Und im Kino kaufen wir noch ein Eis.

2 Markiere in **1** die wörtliche Rede gelb.

3 Markiere in **1** den Redebegleitsatz grün.

4 Schreibe die Verben zu den passenden Bildern.

überlegen | rufen | trösten | jammern | lachen | schwärmen

jammern

Wörtliche Rede

1 Nach der Kinovorstellung unterhalten sich Mila, Naomi und Ela über den Film, den sie zusammen gesehen haben.
Schreibe die wörtlichen Reden mit passenden Redebegleitsätzen auf.
Die Verben helfen dir.

~~schwärmen~~ | bestätigen | laut überlegen | lachen | ergänzen

Mila schwärmt: „Welch

Der eingeschobene Redebegleitsatz

1 Lies den Kasten.

Der Redebegleitsatz kann vor, hinter oder **zwischen** der wörtlichen Rede stehen. Der **eingeschobene Begleitsatz** wird mit Kommas von der wörtlichen Rede getrennt.
„Oh ja“, **ruft Arno begeistert**, „ich liebe Pizza!“

2 Lies.

3 Markiere die eingeschobenen Redebegleitsätze.

„Schaut mal“, freut sich Ela, „hier gibt es Eis.“

„Prima“, jubelt Mila, „ich nehme ein Vanilleeis.“

„Oh nein,“ jammert Naomi, „ich möchte lieber Erdbeereis.“

„Du hast Glück“ sagt die Verkäuferin, „es gibt auch Erdbeereis.“

4 Welches Eis möchte Naomi essen?

____

Der eingeschobene Redebegleitsatz

1 Schreibe die Redebegleitsätze passend in die Zeilen.

~~jubelt Malte~~ | fügt er hinzu | jammert Lasse

antwortet Malte lächelnd | berichtigt ihn Malte

beendet Malte die Diskussion | freut sich Opa

ruft Maltes kleine Schwester Kim

„Klasse“, jubelt Malte, „ich habe zwei Kinokarten für den Blockbuster am Samstagnachmittag gewonnen!“

„Wie schön“, ______________________, „dann kannst du ja noch jemanden mitnehmen.“

„Ich möchte mit“, ______________________, „bitte, nimm mich mit!“

„Mal sehen“, ______________________, „du warst ja letztes Mal schon mit mir im Kino.“

„Genau“, ______________________, „immer darf Kim dich begleiten!“

„Ganz so“, ______________________, „ist es ja nun auch wieder nicht.“

„Den Tierfilm über die Delfine“, ______________________, „haben wir beide zusammen gesehen.“

„Aber wisst ihr was“, ______________________, „ich kaufe noch eine Eintrittskarte dazu und nehme euch diesmal beide mit.“

Lautmalerische Wörter

1 Lies den Kasten.

Lautmalerische Wörter verwende ich, wenn ich ein Geräusch als Wort aufschreiben möchte.
Die Büsche **rascheln. „Miau!“ maunzt** die Katze.

2 Schreibe die lautmalerischen Wörter zu den passenden Tieren.

~~Törö~~	Muh	Wau	Miau	Quak	Mäh

Törö

3 Markiere die lautmalerischen Verben.

Die Büsche rascheln.

Das Feuer prasselt.

Der Hund bellt.

Das Auto brummt.

Das Glas klirrt.

Das Wasser rauscht.

Der Donner grollt.

Der Wind pfeift.

Lautmalerische Wörter

1 Welche lautmalerischen Verben passen? Verbinde.
Achtung: Manche Verben passen nicht nur zu einem Bild.

knacken

brutzeln

prasseln

knistern

knicken

blubbern

flackern

murmeln

brodeln

donnern

brausen

plätschern

rauschen

tosen

blitzen

grollen

sprudeln

heulen

Dialekte

1 Betrachte das Bild. Lies die Dialektwörter.

2 Schreibe die Dialektwörter zu den richtigen Städten.

Hamburg Wurzel

Berlin

Köln

Mainz

München

3 Wie sagst du zu ? Schreibe auf.

Dialekte

1 Schreibe den Text in drei verschiedenen Versionen. Verwende jeweils die passenden Dialektwörter für  und , wie sie in Berlin, Köln und München verwendet werden.

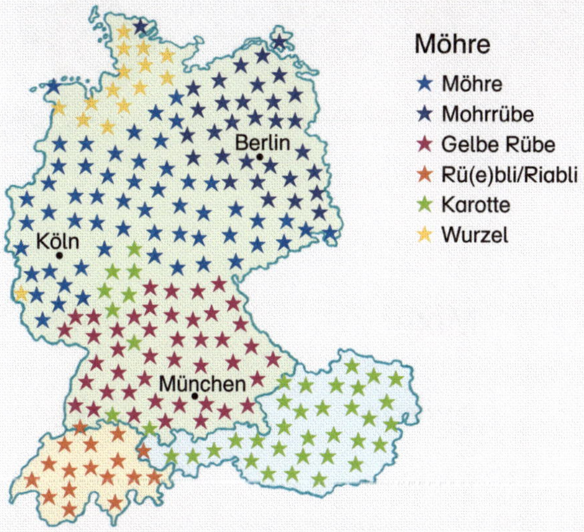

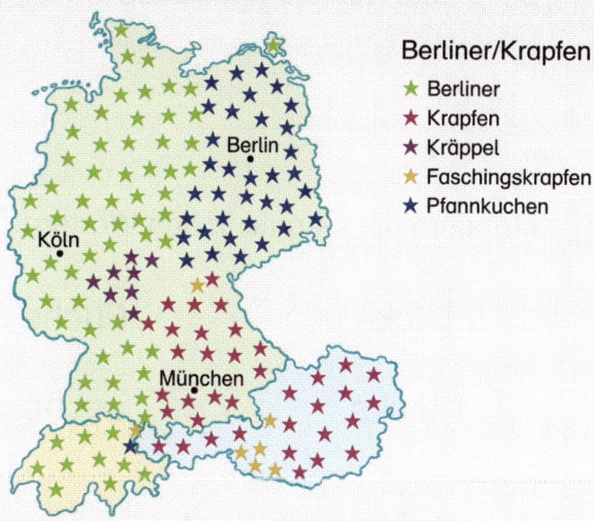

Bei Oma gab es gestern Abend eine suppe zum Mittagessen.

Zum Nachtisch aßen wir frisch gebackene .

Berlin: ______________________________

____

____

Köln: ______________________________

____

____

München: ______________________________

____

____

Wörter mit chs, cks, ks und x Ⓜ

1 Lies den Kasten.

> Der x-Laut wird auf verschiedene Weisen geschrieben.
> **chs**: der Fuchs, sechs — **ks**: der Keks
> **cks**: der Klecks, du schluckst — **x**: boxen, die Nixe

2 Markiere die **x**-Laute in den Wörtern.

Tricks	Fuchs	Mixer	links
Klecks	sechs	Lexikon	Kekse

3 Schreibe die Wörter zu den passenden Bildern.

Tricks

4 Schreibe die Wörter geordnet auf.

Wörter mit chs: Fuchs, ______

Wörter mit ks: ______

Wörter mit cks: ______

Wörter mit x: ______

Sprachbuch Seite 56

Wörter mit chs, cks, ks und x Ⓜ

1 Markiere die Wörter mit **chs**, **cks**, **ks** und **x**. Schreibe sie in die Tabelle.

A	T	Y	T	R	I	C	K	S	E	N	L	I	B	E	D	O	B	U	F	S	W
H	J	F	A	A	B	D	E	F	G	I	I	M	T	R	E	I	O	F	S	U	Z
J	M	I	X	E	N	J	A	B	A	X	T	L	L	M	N	O	X	P	T	P	U
Q	R	T	I	U	A	V	K	W	Y	E	Z	W	E	C	H	S	E	L	N	A	F
K	B	D	E	F	C	G	L	I	J	L	M	N	X	O	P	Q	N	R	M	N	T
E	R	W	A	C	H	S	E	N	A	G	F	E	I	D	B	O	A	R	Q	P	O
K	H	U	B	J	W	O	C	T	V	A	W	Y	K	N	A	C	K	S	T	R	T
S	G	C	D	L	U	P	K	U	W	C	A	Z	O	D	B	H	A	U	L	Q	E
K	I	H	E	M	C	Q	S	A	C	H	S	E	N	E	F	S	W	V	I	P	X
S	T	S	F	N	H	R	E	L	Y	S	B	F	L	I	H	E	X	E	N	O	T
A	P	I	R	F	S	L	N	P	Z	E	D	E	F	G	I	J	L	M	K	N	E
S	I	T	T	U	L	M	S	E	T	L	U	C	H	S	P	P	I	K	S	E	N

chs Nachwuchs, ____________________

____

cks ____________________

ks ____________________

x ____________________

____

2 Schreibe einen lustigen Satz, der mindestens drei Wörter aus **1** enthält.

____

____

____

Wörter mit der Endung -ieren

*Die Verben auf **-ieren** kommen oft aus anderen Sprachen.*

1 Schreibe die Endung **-ieren** in die Wörter.

renovieren	applaud____	ras____
fotograf____	add____	telefon____
buchstab____	fr____	marsch____

2 Schreibe die Wörter aus **1** zu den passenden Bildern.

marschieren

Verben mit der Endung -ieren

1 Verbinde.

Kopie	telefonieren	Marsch	stationieren
Telefon	summieren	Funktion	marschieren
Buchstabe	kopieren	Station	rasieren
Summe	buchstabieren	Rasur	funktionieren

2 Ergänze die passende Verbform mit der Endung **-ieren**.

Milo und Sami führen eine Diskussion über die Szenenabfolge in ihrem Film. – Sie diskutieren miteinander.

Naomi muss für eine Operation ins Krankenhaus. – Im Krankenhaus wird eine Ärztin Naomi __________ .

Die Lehrerin wird den Abend mit der Korrektur der Aufsätze verbringen. – Sie wird die Aufsätze __________ .

Papa kommt mit der Reparatur des Autos nicht voran. – Er muss es unbedingt __________ , weil wir kein Geld für ein neues haben.

Die Reaktion des Trainers auf den Mannschaftsrekord war ziemlich zurückhaltend. – Er hätte ruhig etwas überschwänglicher __________ können.

Die Explosion war bis in die Nachbarstadt zu hören. – Das ist nicht verwunderlich, wenn gleich drei Gastanks __________ .

Die vier Fälle des Nomens

1 Lies den Kasten.

Nomen verändern sich im Satz. Sie können in vier verschiedenen Fällen stehen.
Nach den Fällen kann ich fragen:

Wer oder was …?	der Laptop	1. Fall, Nominativ
Wessen …?	des Laptops	2. Fall, Genetiv
Wem…?	dem Laptop	3. Fall, Dativ
Wen oder was…?	den Laptop	4. Fall, Akkusativ

2 Lies den Text.

Die Sonne scheint.

Milas Solar-Lampe wird aufgeladen.

Den Kindern gefällt die Solar-Lampe.

Milo möchte auch eine Solar-Lampe haben.

3 Verbinde die Fragen mit den richtigen Antworten.

Wer scheint?	Milas
Wessen Solar-Lampe wird aufgeladen?	die Sonne
Wem gefällt die Solar-Lampe?	eine Solar-Lampe
Wen oder was möchte Milo haben?	den Kindern

Die vier Fälle des Nomens

1 Frage nach den markierten Nomen. Unterstreiche die Fragewörter.

1. **Der Energiespartag** war ein voller Erfolg.

Wer oder was war ein voller Erfolg?

2. In der Früh hatten wir **die Mitmachstation** aufgebaut.

3. Das Interesse **des Publikums** war riesig.

4. Vor allem **den Kindern** gefielen unsere Informationen.

5. Sicherlich werden viele **den Tipps** folgen.

6. **Die Erde** muss einfach viel besser geschützt werden.

7. Wir werden auch zukünftig **die Energiespartipps** befolgen.

2 In welchen Sätzen hast du nach welchem Fall gefragt? Notiere die Satznummer.

Nominativ ______ Genitiv ______ Dativ ______ Akkusativ ______

Wortstamm und Wortfamilie

1 Lies den Kasten.

Wörter mit dem gleichen Wortstamm gehören zu einer Wortfamilie.
Manchmal verändert sich der Wortstamm in einer Wortfamilie.
laufen: weglaufen, der Läufer, sie lief, …
schließen: abschließen, er schließt, er schloss, …

2 Welcher Wortstamm passt zu den Wortfamilien? Kreuze an.

nehmen die Wahrnehmung wegnehmen	X	nehm
		bau

gehen vorgehen der Gehweg		koch
		geh

der Kampf kämpfen bekämpfen		kämpf
		mal

schließen die Schließung er schloss		ruf
		schließ

3 Markiere den Wortstamm.

laufen	die Läuferin	er lief
der Ablauf	weglaufen	Eierlauf
wir liefen	du läufst	auslaufen

Sprachbuch Seite 66/67

Wortstamm und Wortfamilie

1 Sortiere die Wörter nach Wortstämmen. Markiere jeweils den Wortstamm.

das Benehmen bekämpfen kämpferisch
wahrnehmen die Handlung die Standhaftigkeit
die Rücksichtnahme die Beständigkeit die Abhandlung
der Händler die Kämpferin der Wahlkampf verhandeln
die Auferstehung unwiderstehlich entnehmen

Wortfamilie **nehmen**:

das Benehmen

Wortfamilie **kämpfen**:

Wortfamilie **handeln**:

Wortfamilie **stehen**:

2 Finde zu jeder Wortfamilie in 1 noch ein weiteres Wort.

Strategien anwenden ↯ ↪

1 Leite die richtige Schreibung ab.

jährlich oder jehrlich ?	↯	Jahr	→	jährlich
teglich oder täglich ?	↯	Tag	→	
treumen oder träumen ?	↯	Traum	→	
aufräumen oder aufreumen ?	↯	Raum	→	

2 Schreibe die Wörter richtig auf.

Die Verlängerungen helfen dir, die Wörter richtig zu schreiben.

bun**d** oder bun**t** ?	↪	viele bun**t**e Bälle		→	bunt
lusti**g** oder lusti**k** ?	↪	viele lusti**g**e Clowns		→	
Kor**p** oder Kor**b** ?	↪	viele Kör**b**e		→	

Strategien anwenden

1 Verbinde. Schreibe die Wörter mit **ä** oder **äu** richtig auf. Markiere **ä/a** und **äu/au**.

l★stig	raten	
sie tr★gt	der Traum	
das R★tsel	das Haus	
er tr★mt	die Last	lästig
k★flich	tragen	
das H★schen	der Bauch	
h★sslich	kaufen	
das B★chlein	hassen	

2 Verlängere die Nomen, Verben und Adjektive und schreibe wie im Beispiel.

Das Ban d ist bun t. → viele bunte Bänder

sie gi b t → geben

Der Schla ☐ ist hefti ☐. →

Der Hu ☐ ist run ☐. →

er len ☐ t →

Der Kor ☐ ist gel ☐. →

er schwei ☐ t →

Sprachbuch Seite 68

Strategien anwenden

1 Verbessere die Wörter.

Die Strategiezeichen helfen dir richtig zu schreiben.

der Fampir — Vampir

das heft

die Lererin

Heuser

der Fogel

das Kint

der Schne

lachn

Strategien anwenden

1 Markiere die sechs Fehler im Text. Male jeweils das passende Strategiezeichen darüber. Schreibe den Fehlertext richtig auf.

Die schule hat ein neues Gebeude erhalten. Nun ist sie anlesslich der Eröffnung schön geschmückt. Alle freun sich darauf. Die Kinder wolln sich bei der Feier ein Pletzchen in der ersten Reihe sichern.

2 Markiere die sechs Fehler im Text. Male jeweils das passende Strategiezeichen darüber. Schreibe die Wörter richtig auf.

Auf dem Baum for der Schule hat sich ein Fogel niedergelassen. Lustik zwitschert er ein Lietchen. Die Gereusche von der Straße hört niemant.

Das Futur

1 Lies den Kasten.

> Das **Futur** benutze ich, wenn ich etwas plane oder vermute, was in der Zukunft passieren wird.
> Für die Bildung des Futurs brauche ich die Personalform von **werden** und die **Grundform des Verbs**.
> Ich **werde** als Rennfahrerin **arbeiten**. Morgen **wird** es **regnen**.

2 Setze die Personalformen von **werden** richtig ein.

~~werde~~	werden	wirst	wird	werdet	werden

ich werde

du ____________

er/sie/es ____________

wir ____________

ihr ____________

sie ____________

3 Schreibe die richtige Form von **werden** und das passende **Verb** auf.

~~träumen~~
schwimmen
essen
lesen

 ich werde träumen

 sie ____________

 wir ____________

 ihr ____________

 Sprachbuch Seite 76

Das Futur

1 Unterstreiche im Text die Verbformen im Futur.

Wenn es mir sehr schlecht geht, dann träume ich davon, laufen zu können: Dann werde ich jeden Morgen fröhlich aufstehen. Ich werde meine Kleider ganz alleine anziehen. Anschließend werde ich frühstücken. Bevor ich zur Schule gehen werde, werde ich mir auch die Zähne putzen.

Auf dem Schulweg werde ich bei Grün über den Zebrastreifen springen und am Schultor werde ich fröhlich den Hausmeister begrüßen.

In der Pause werde ich mit den anderen Kindern Nachlaufen spielen. Ich werde jeden Tag glücklich darüber sein, laufen zu können.

2 Schreibe die Verbformen im Futur und im Präsens auf.

ich werde aufstehen – ich stehe auf

Zeitformen von Verben kennen

1 Verbinde die Merkkästen mit den passenden Beispielen.

Die Gegenwart (Präsens) benutze ich, wenn etwas **heute** oder **jetzt** passiert.

Die 1. Vergangenheit (Präteritum) benutze ich, wenn ich über **frühere** Ereignisse **schreibe**.

Das Perfekt benutze ich, wenn ich von früheren Ereignissen erzähle.
Im Perfekt braucht das Verb ein Hilfsverb (**haben** oder **sein**).

Das Futur benutze ich, wenn etwas in der Zukunft passieren wird. Für die Bildung des Futurs brauche ich die Personalform von **werden** und die **Grundform des Verbs**.

Früher spielte ich gern mit Bauklötzen.

Heute lese ich ein Buch.

Ich **werde** gut **schlafen.**

Ich **habe** ein Eis **gegessen**.

2 Verbinde die Verben mit den passenden Zeitformen.

ich esse	**Präsens** ich laufe	sie rannte
wir schliefen	**Präteritum** er telefonierte	ich habe gefeiert
du wirst spielen	**Perfekt** du hast gegessen ich bin geschwommen	es weint
ihr seid gefahren	**Futur** sie werden fliegen	er wird lesen

Zeitformen von Verben kennen

1 Präteritum, Perfekt, Präsens oder Futur? Schreibe die richtige Zeitform unter jeden Text.

In vielen, vielen Jahren werde ich in einem anderen Land leben und dort das ganze Jahr über Erdbeeren anbauen. Das wird ein Spaß werden, wenn ich mir jeden Tag den Bauch mit den süßen Früchten vollschlagen werde.

____

Damals fielen während der Ernte so viele Äpfel von den Bäumen, dass wir gar nicht wussten, wohin damit. Wir trugen unsere Fahrradhelme, damit wir keine Beulen bekamen, wenn einer der Äpfel uns auf den Kopf donnerte.

____

In der Früh hat Schnuffi beim Gassigehen ziemlich herumgetrödelt. Er hat an jeder Ecke angehalten und an den Spuren, die andere Hunde hinterlassen haben, herumgeschnüffelt. Deshalb habe ich auch meinen Schulbus verpasst.

____

Ich träume oft davon, einen Rekord im Traumtanzen aufzustellen und dann einen Pokal zu erhalten, den ich mir in mein Regal im Kinderzimmer stellen und jeden Tag anschauen kann.

____

2 Markiere in der passenden Farbe: **Präteritum**, **Perfekt**, **Präsens**, **Futur**.

er träumt	wir haben gegessen	du wirst schimpfen	
sie fütterte	ihr werdet springen	ich überlege	
sie vergaßen	ich bin verreist	er telefonierte	sie ist gerannt
wir werden aufhören	sie gehen	sie beantworteten	
ich bemühe	sie wird überraschen	es hat geregnet	

Sprachbuch Seite 77

Zusammengesetzte Nomen

1 Lies den Kasten.

Nomen (Substantive) kann ich mit Nomen, Verben oder Adjektiven zusammensetzen. Der Artikel richtet sich nach dem **Grundwort**.
das Glück + **der** Pilz = **der** <u>Glück</u>**spilz** → <u>Bestimmungswort</u>
waschen + das Mittel = das <u>Wasch</u>**mittel**
blau + die Beere = die <u>Blau</u>**beere** → **Grundwort**

2 Aus welchen Verben und Nomen sind die Wörter zusammengesetzt? Verbinde.

das Schwimmbad	rudern + das Boot
die Trinkflasche	trinken + die Flasche
das Ruderboot	schwimmen + das Bad
der Esstisch	essen + der Tisch

3 Setze die Wörter aus den Adjektiven und Nomen zusammen.

hoch	+	das Haus		das Hochhaus
weich	+	der Käse		
blau	+	die Meise		
falsch	+	das Geld		
groß	+	der Vater		

Zusammengesetzte Nomen

1 Zerlege die zusammengesetzten Nomen in ein Verb und ein Nomen.

der Nieselregen → nieseln + der Regen

die Schwimmnudel →

das Paddelboot →

die Gießkanne →

das Trinkwasser →

die Waschmaschine →

der Schluckspecht →

die Fließgeschwindigkeit →

2 Bilde aus den Adjektiven und Nomen zusammengesetzte Nomen.

~~rot~~	hoch	
schnell	weit	
schwer	hart	
rund	falsch	weich

~~Licht~~	Fahrt	Laster
Platz	Straße	
Spielerin	Sprung	
Käse	Haus	

das Rotlicht,

Wörter sinnvoll und richtig trennen

1 Trenne die Wörter sinnvoll. Schreibe sie mit Trennstrichen auf.

Bade anzug   Bade-anzug

Schwimm bad

Haus tür

Fuß ball

Hunde leine

Eis torte

2 Finde zu jeder Trennregel das passende Beispiel.

Zöp-fe	sitzen
Kat-zen	Töpfe
ma-chen	Dackel
pa-cken	lachen
na-schen	lassen
mes-sen	Tasche

3 Schreibe die Wörter aus **2** mit Trennstrichen auf.

Zöp-fe, Tö-pfe,

 Sprachbuch Seite 79

Wörter sinnvoll und richtig trennen

1 Schreibe die Wörter passend in die Kästchen.
Markiere jeweils den Trennstrich für eine sinnvolle Trennung.

~~Katzenfutter~~ Robbenbaby Hundekuchen Pferdehalfter
Elefantenrüssel Affenschaukel

Kat – zen – fut – ter

2 Wie oft kannst du die folgenden Wörter trennen? Schreibe sie mit Trennstrichen in die Tabelle.

~~Sommer~~ aufgegessen Aufgabe golden Gebäude
Taste ankündigen witzig Entsetzen
erleben Technikmuseum bescheiden Stadtmusikanten
Tageszeitung mittags Antwortschreiben tanken

ein Trennstrich: Som-mer,

zwei Trennstriche:

drei Trennstriche:

vier Trennstriche:

Sprachbuch Seite 79

Wörter mit Doppel-s und ß

1 Markiere die Wörter mit Doppel-s und **ß** in unterschiedlichen Farben.

Gießkanne | Schlüssel | draußen | Kuss | Gebiss

Füße | heiß | Fluss | groß

besser

2 Sortiere die Wörter in die Tabelle ein.

Wörter mit Doppel-s	Wörter mit ß
Schlüssel	Gießkanne

3 Markiere in **2** **ß** und den langen Selbstlaut, Umlaut oder Zwielaut davor.

4 Markiere in **2** Doppel-s und den kurzen Selbstlaut davor.

5 Trage Doppel-s oder **ß** richtig ein.

Schlo______

Flo______

gie______en

e______en

Wörter mit Doppel-s und ß

1 Ergänze Doppel-s, wenn der Selbstlaut kurz klingt, und **ß**, wenn der Selbstlaut lang klingt. Markiere jeweils den kurz klingenden Selbstlaut mit einem •, den lang klingenden mit einem –.

Ki ___ en   Fü ___ e   Gie ___ kanne   Ku ___

Flo ___   Ra ___ el   e ___ en   drau ___ en   Gebi ___

Blumenstrau ___   hä ___ lich   aufspie ___ en   rei ___ en

Ka ___ e   verge ___ en   Gefä ___   verschlie ___ en

2 Immer ein Wort passt zu einem Wort aus **1**. Schreibe die verwandten Formen passend in die Lücken.

vergaß   abgeschlossen   zubeißen   goss   aß

Ohne Zähne konnte der alte Mann nicht mehr ______________.

Deshalb passte die Zahnärztin ihm ein ______________ an.

Nun ________ er nicht mehr nur Suppe, sondern konnte

wieder alles ______________. Er ______________ auch nie, die neuen Zähne

gründlich zu putzen. Seine Brille zu putzen hatte er dagegen schon häufig

______________. Wenn er dann die Topfpflanzen __________, traf er mit der

______________ nicht immer den Topf. Aber er vergaß nie, die Wohnung

hinter sich zu ______________ und vergewisserte sich oft zweimal, ob die

Tür auch wirklich ______________ war, wenn er zum Einkaufen ging.

Doppelter Mitlaut am Wortstammende ↪

1 Lies den Kasten.

Doppelte Mitlaute (Konsonanten) folgen nur nach einem kurzen Selbstlaut. Wenn ich nicht weiß, ob ein Wort mit doppeltem Mitlaut geschrieben wird, verlängere ich das Wort.
sie rennt ↪ rennen, du sollst ↪ sollen, er trifft ↪ treffen

2 Verbinde die Verben mit der passenden Verlängerung.

er rennt	schwimmen
sie schwimmt	rennen
ihr kennt	küssen
du küsst	brummen
es brummt	kommen
ihr kommt	kennen

3 Schreibe die Verben und ihre Verlängerung aus 2 auf.

er rennt-rennen,

4 Markiere in 3 den doppelten Mitlaut und den kurzen Selbstlaut davor.

Sprachbuch Seite 81

Doppelter Mitlaut am Wortstammende

1 Verlängere die Verben. Markiere den doppelten Mitlaut und den kurzen Selbstlaut davor.

sie rennt	rennen	er kommt	
sie küsst		ihr schwimmt	
sie kippt		ihr kennt	
du sollst		du beginnst	

2 Setze die Verben passend ein. Markiere den doppelten Mitlaut und den kurzen Selbstlaut davor.

Mama knallt generví die Haustür zu, als sie — kna★en

nach Hause ________ . Zuvor war sie mit dem — ko★en

Auto langsam in die Einfahrt ge ________ und — ro★en

hatte es vor statt in der Garage abge ________ . — abste★en

„Wo seid ihr alle?", ________ sie durchs Treppenhaus. — brü★en

„Warum ________ sich das Garagentor nicht öffnen?" — la★en

Das Baby ________ gefolgt von Papa und Emil — kra★eln

aus dem Kinderzimmer heraus. Papa grinst zunächst

und erklärt dann: „Wenn der Strom ________ , — ausfa★en

dann ________ du auch das Garagentor nicht mehr — kö★en

mit der Fernbedienung öffnen." Nun ________ auch Mama lachen. — mü★en

Das Dativobjekt

1 Lies den Kasten.

Das **Dativobjekt** (3. Fall) ist ein Satzglied.
Es antwortet auf die Frage **„Wem …?“**.
Das Buch gehört Mila. **Wem** gehört das Buch? → **Mila**
Das Eis schmeckt dem Kind. **Wem** schmeckt das Eis? → **dem Kind**

2 Wem malt Milo ein Bild? Verbinde.

Milo malt ein Bild für Oma.

Milo malt ein Bild für Mila.

Milo malt ein Bild für Papa.

Milo malt ein Bild für Sami.

3 Lies die Sätze und die Fragen.

Sami dankt der Bürgrmeisterin.
Wem dankt Sami?

Mila schenkt Milo ein Buch.
Wem schenkt Mila ein Buch?

Oma backt dem Nachbarn einen Kuchen.
Wem backt Oma einen Kuchen?

Ela lies Naomi ein Buch vor.
Wem liest Ela ein Buch vor?

4 Markiere in **3** die Antworten auf die Fragen.

Das Dativobjekt

1 Schreibe zu jeder Antwort die passende Frage mit **„Wem ...?“**.
Markiere anschließend das Dativobjekt.

Dem Kind gefällt das Märchenbuch.

Wem gefällt das Märchenbuch?

Das Buch gehört seiner Großmutter.

Die Großmutter liest ihrer Enkelin ein Drachenmärchen vor.

Im Märchen droht ein böser Zauberer einem kleinen Jungen.

Doch ein Drache eilt herbei und droht dem Zauberer mit seinem Feueratem.

Der Zauberer gehorcht dem Drachen und verschwindet.

Am Ende dankt das Kind dem freundlichen Drachen.

Das Akkusativobjekt

1 Lies den Kasten.

> Das **Akkusativobjekt** (4. Fall) ist ein Satzglied.
> Es antwortet auf die Frage **„Wen oder was ...?“**.
> Mila mag ihre Oma. **Wen oder was** mag Mila? → **ihre Oma**
> Sami isst einen Apfel. **Wen oder was** isst Sami? → **einen Apfel**

2 Wen oder was trinkt Mila? Verbinde.

Milo trinkt Tee.

Milo trinkt Apfelsaft.

Milo trinkt Traubensaft.

Milo trinkt Wasser.

3 Lies die Sätze und die Fragen.

Ela liebt Apfelkuchen.
Wen oder was liebt Ela?

Milo füttert Olli.
Wen oder was füttert Milo?

Sami malt einen Stein an.
Wen oder was malt Sami an?

Mila kauft lustige Bücher.
Wen oder was kauft Mila?

4 Markiere in 3 die Antworten auf die Fragen.

Das Akkusativobjekt

1 Schreibe zu jeder Antwort die passende Frage mit **„Wen oder was …?“**.
Markiere anschließend das Akkusativobjekt.

Die Kinder haben ein Boot gebaut.

Wen oder was haben die Kinder gebaut?

Morgen will Opa das neue Boot besichtigen.

Das Boot hat ein buntes Segel.

Heute kauft Opa einige Flaschen Apfelsaft ein.

Mit dem Apfelsaft will er das Boot taufen.

Den restlichen Apfelsaft sollen die Kinder austrinken.

Papa wird einen Birnenkuchen mitbringen.

Satzglieder bestimmen

1 Lies den Satz.

Mila | zeigt | Oma | ein Yogabuch.

2 Verbinde.

Wer oder was zeigt Oma ein Yogabuch?	zeigt
Was tut Mila?	Mila
Wem zeigt Mila ein Yogabuch?	ein Yogabuch
Wen oder **was** zeigt Mila Oma?	Oma

3 Lies den Satz.

Sami | spielt | mit Milo | Schach.

4 Beantworte die Fragen.

Wer oder was spielt mit Milo Schach? Sami

Was tut Sami? ______

Mit **wem** spielt Sami? ______

Wen oder **was** spielt Sami mit Milo? ______

5 Markiere die Fragen und Antworten in **4** mit den passenden Farben.

Satzglieder bestimmen

1 Mit welcher Frage kannst du welches Satzglied bestimmen? Verbinde.

Wer oder was? Wem? Was tut? Wen oder was?

Prädikat Akkusativobjekt Subjekt Dativobjekt

2 Frage in jedem Satz nach dem unterstrichenen Satzglied.

Die ganze Klasse erarbeitet eine Klassenzeitung.

Wen oder was erarbeitet die ganze Klasse?

Ela schreibt einen Bericht über das letzte Klassenfest.

Sami hilft ihr beim Illustrieren.

Milo entwirft das Cover der Klassenzeitung.

Von der Bootshausrenovierung berichtet Mila.

Für einen Euro soll die Klassenzeitung verkauft werden.

Kleine Merkwörter üben Ⓜ

1 Lies die Wörter.

jetzt • als • sehr • ganz
viel • endlich • ihr

vielleicht • man • bevor
ihm • obwohl • ohne • ob

2 Schreibe die Wörter ab.

jetzt,

3 Zeichne in die Wörter in 3 Silbenbögen.

4 Markiere in 3 in jeder Silbe die Vokale.

5 Schreibe mindestens drei Merkwörter als Treppe auf.

j
je
jet
jetz
jetzt

6 Schreibe mit mindestens einem Merkwort einen Satz.

Kleine Merkwörter üben Ⓜ

1 Schreibe die kleinen Merkwörter richtig auf.

mehr,

mehr	ihr	
wir	ob	trotzdem
ähnlich	vielleicht	
jetzt	dann	
obwohl	bald	
mir	sehr	
niemand		

2 Schreibe mit sechs Merkwörtern aus 1 jeweils einen kleinen Satz.

Die Sonne scheint nicht mehr.

Merkwörter mit langem i Ⓜ

1 Lies den Kasten.

Merkwörter mit einfachem langen **i** sind Merkwörter.
der Tiger, die Maschine, das Kino

2 Markiere das lange **I/i**.

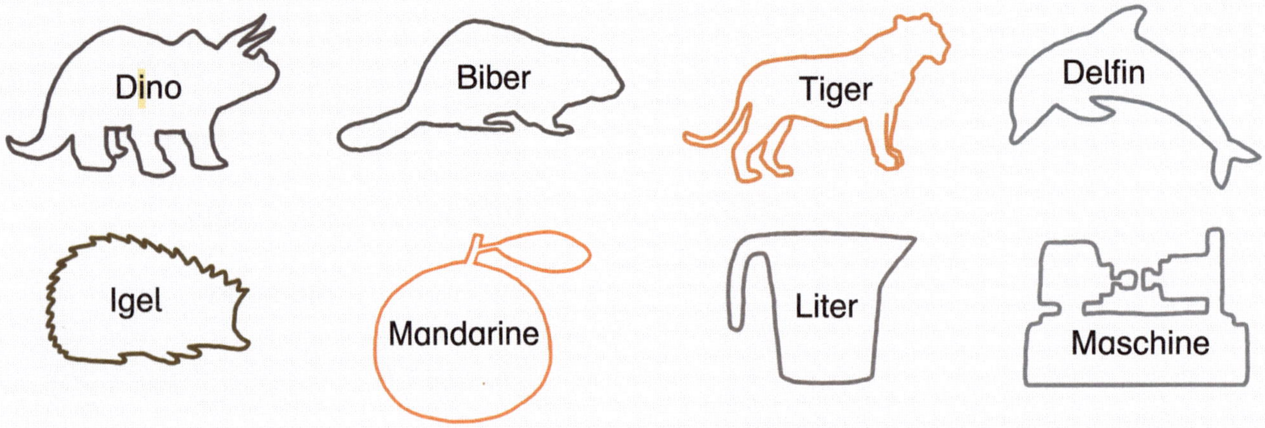

3 Schreibe.

Liter ____________

____

____

____

____

____

____

____

4 Setze die Wörter passend in die Fragen ein.

~~dir~~ Musik Pralinen

Wie geht es dir ____________?

Hörst du gerne ____________?

Isst du auch gerne ____________?

 Sprachbuch Seite 92

Merkwörter mit langem i Ⓜ

1 Finde alle Wörter mit langem **i**. Markiere sie.

A	L	D	E	M	R	T	U	G	H	B	E
L	S	S	K	A	N	I	N	C	H	E	N
D	T	P	Q	A	N	G	N	V	M	O	J
I	R	Q	I	S	D	E	J	A	W	V	C
N	I	L	P	F	E	R	D	M	Y	C	I
O	A	R	G	K	L	O	F	P	W	A	B
O	R	E	F	H	F	C	Z	I	X	I	A
K	S	P	A	B	I	B	E	R	Z	G	G
R	O	R	I	M	N	E	B	P	A	E	L
N	T	E	K	R	O	K	O	D	I	L	A

2 Schreibe die Wörter aus Aufgabe **1** mit ihrem bestimmten Artikel auf. Markiere das lange **i**.

der Dino, ____________________

____

____

3 Wer isst was? Setze die Wörter passend ein.

Praline | Rosinen | Margarine | Mandarinen

 Papageien essen gerne __________.

 Ela schält sich in der Pause gerne eine __________.

 Oma streicht sich meist __________ aufs Brot.

 Onkel Gerd gönnt sich jeden Abend eine __________.

Das silbentrennende h ◡ ↪

1 Lies den Kasten.

> Ein **silbentrennendes h** steht zwischen zwei Selbstlauten (Vokalen). Es eröffnet die nächste Silbe. In allen verwandten Wörtern bleibt das **h** enthalten. ge**h**en, er ge**h**t; se**h**en, sie sie**h**t, sie sa**h**

2 Verlängere die Wörter.

	Reh	↪		Rehe
	Floh	↪		
	Kuh	↪		
	Schuh	↪		
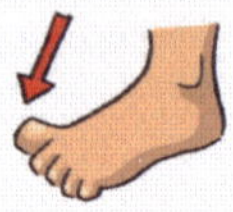	Zeh	↪	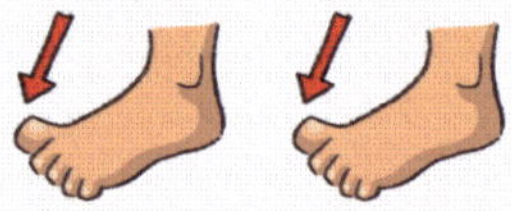	

3 Verbinde die Verben mit ihrer Grundform.

ich stehe	gehen
du gehst	stehen
er dreht	mähen
sie mäht	wehen
es weht	drehen

4 Setze in **3** Silbenbögen und markiere das silbentrennende **h**.

Sprachbuch Seite 93

Das silbentrennende h

1 Ergänze die fehlenden Verbformen. Markiere das silbentrennende **h**.

du	nähst	er/sie/es	näht	Sie	nähen	eine Hose.
du		er/sie/es	sieht	Sie		weiße Mäuse.
du		er/sie/es	geht	Sie		zur Schule.
du		er/sie/es		Sie	sprühen	Funken.
du	drehst	er/sie/es		Sie		einen Film.
du		er/sie/es	mäht	Sie		die Wiese.
du	ruhst	er/sie/es		Sie		sich aus.
du		er/sie/es	kräht	Sie		am Morgen.

2 Finde in den Zusammensetzungen alle Nomen mit **h** am Ende.
Schreibe sie auf und verlängere sie.

Ein Wasserfloh hüpft über den See. Am Ufer des Sees stillt eine Hirschkuh ihren Durst. Ein Rehkitz springt über die Wiese. Auf einem Stein sitzend hat ein Mann seinen Wanderschuh ausgezogen.

der Floh – die

Ortsangaben

1 Lies den Kasten.

Eine **Ortsangabe** ist ein Satzglied.
Es antwortet auf die Fragen **Wo ...?**, **Wohin ...?** oder **Woher ...?**
Gestern verkauften die Kinder **vor der Schule** Kuchen.
Wo verkauften die Kinder Kuchen? → **vor der Schule**

2 Wo ist Olli? Schreibe die Sätze auf.

Olli ist auf den Würfeln/dem Turm.

____

____

3 Wo ist Olli? Markiere in **2** die Ortsangaben.

4 Verbinde die Fragen mit den passenden Sätzen.

Wohin fährt Oma?	Mila ist im Kino.
Woher kommt Milo?	Oma fährt in den Wald.
Wo ist Mila?	Milo kommt aus dem Zoo.

5 Markiere alle Ortsangaben.

am Montag   aus dem Kino   nachmittags   zum Arzt
im Supermarkt   zu ihrer Freundin   vor der Schule

Wo?
Woher?
Wohin?

Ortsangaben

1 Schreibe zu jeder Antwort die passende Frage mit **Wo?**, **Wohin?** oder **Woher?** Markiere anschließend die Ortsangabe.

Die Kinder fahren zum Bootshaus.

Wohin fahren die Kinder?

Vor dem Bootshaus stellen sie ihre Fahrräder ab.

Milo holt die runde Picknickdecke aus dem Bootshaus.

Ela breitet sie auf dem Holzdeck aus.

Alle haben etwas aus ihrem Kühlschrank mitgebracht.

Sie stellen den Saft, den Käse, die Weintrauben und den Pudding in die Mitte der Picknickdecke.

Dann setzen sich die Kinder an den Rand der Decke.

Zeitangaben

1 Lies den Kasten.

Eine **Zeitangabe** ist ein Satzglied.
Es antwortet auf die Fragen **Wann …?**, **Wie lange …?** oder **Wie oft …?**
Gestern verkauften die Kinder Kuchen.
Wann verkauften die Kinder Kuchen? → **gestern**

2 Wann backt Papa Pizza? Markiere die Zeitangabe.

Papa backt heute Pizza.

Papa backt am Sonntag Pizza.

Papa backt abends Pizza.

Papa backt später Pizza.

Papa backt jeden Monat Pizza.

Papa backt morgen Pizza.

Papa backt selten Pizza.

3 Verbinde die Fragen mit den passenden Sätzen.

Wann besucht Sami Ela?	Der Film dauert eine Stunde.
Wie lang dauert der Film?	Sami besucht Ela am Montag.
Wie oft isst Oma Obst?	Oma isst jeden Tag Obst.

4 Markiere alle Zeitangaben.

jeden Tag   am Mittwoch   aus dem Wald

zum Supermarkt   morgens   samstags

Wann?
Wie lang?
Wie oft?

Zeitangaben

1 Schreibe zu jeder Antwort die passende Frage mit **Wann?**, **Wie lange?** oder **Wie oft?** Markiere anschließend die Zeitangabe.

In den Ferien sind die Kinder jeden zweiten Tag am See.

Wie oft sind die Kinder in den Ferien am See?

Mindestens einmal in der Woche ist Oma auch dabei.

Häufig wartet sie schon vor dem Bootshaus auf die Kinder.

Sie bringt fast immer Leckereien mit.

Die Kinder spielen den ganzen Nachmittag am See.

Manchmal merken sie gar nicht, wie die Zeit verging.

Abends fahren sie müde wieder nach Hause.

Werbewörter und Werbesprüche

1 Verbinde die Werbesprüche mit den passenden Produkten.

Schokoladig und super cremig

Mega gemütlich

Superschnell und cool

Gesund – Knackig – Lecker
Für einen guten Start in den Tag

Damit wird im Nu alles zauber sauber.

Cooles Design trifft Power

2 Für was macht dieser Spruch Werbung? Male.

Spaß, Action und schnell wie der Wind.

Werbewörter und Werbesprüche

1 Ergänze die Werbesprüche mit den passenden Werbewörtern.

~~Oberflausch~~ cool Knisterspannung crunchy megabreit Power

Flausch, flauscher, Oberflausch !

Fruchtige ______________ für dich!

Superflach und ______________ !

______________ am laufenden Band!

Soooooooooooo ______________ !

Immer ______________ unterwegs!

Redewendungen

1 Lies die Redewendungen.

1. Jemandem auf der Nase tanzen.
2. Auf die Tube drücken.
3. Die Ohren spitzen.
4. Jemandem die Daumen drücken.

2 Ordne jedem Bild die passende Redewendung zu.

Redewendungen

1 Zeichne zu jeder Redewendung ein passendes Wortbild.

jemanden auf den Arm nehmen

da steckt der Wurm drin

einen Frosch im Hals haben

Haare auf den Zähnen haben

Strategien anwenden Ⓜ

1 Verbinde.

Vogel	Merkwort mit stummem **h**
ihr	Merkwort mit **V**
Maschine	Merkwort mit **ai**
Hai	Merkwort mit langem **i**
Keks	Merkwort mit Doppelvokal
Boot	Kleines Merkwort
als	Merkwort mit **x**-Laut

2 Markiere bei den Merkwörtern in 1 die Merkstelle.

3 Wie werden die Merkwörter geschrieben?

Mor/Moor Moor

Wampir/Vampir ______

Maschiene/Maschine ______

Dachs/Daks ______

Kaiser/Keiser ______

op/ob ______

Strategien anwenden Ⓜ

1 Markiere alle Merkwörter. Ordne sie passend zu.
Achtung: Bei zwei Wörtern passen zwei Strategien. Schreibe das Wort dann zu beiden möglichen Merkstellen. 

Apfelsine Kissen Hase kehren 

laufen Spaß 

Wunsch vorschlagen

Brotlaib Sahne Moos Beet dreißig

Ventil kippen  Träne giftig Ähre

 Brombeere wünschen Saite Kurve

Ⓜ mit langem i: Apfelsine,

Ⓜ mit stummem h:

Ⓜ mit Doppelvokal:

Ⓜ mit V/v:

Ⓜ mit ai:

Ⓜ mit ß:

Ⓜ mit ä:

Deutsch mit Olli 4

Sprachbuch
Arbeitsheft
LEICHT | BASIS

Erarbeitet von:	Christine M. Kaiser, Lisa Wegerle
Redaktion:	Julia Kluge
Illustration:	Sandra Reckers, Petra Eimer, Christian Bartz, Axel Nicolai
Umschlaggestaltung:	Corinna Babylon und Jule Kienecker, Berlin
Umschlagillustration:	Petra Eimer (Papagei) und Christian Bartz
Layoutkonzept:	Cornelia Gründer, Corngreen GmbH, Leipzig
Technische Umsetzung:	Reemers Publishing Services GmbH, Krefeld
Tonstudio:	Studio Wort, Berlin
Sprecherinnen und Sprecher:	Marianne Graffam, Oliver Nitsche
BOOKii-Funktion:	Lizenz BOOKii Tessloff Verlag Ragnar Tessloff GmbH & Co. KG, Nürnberg http://www.tessloff.com BOOKii® ist eine eingetragene Marke des Tessloff Verlags, Nürnberg

www.cornelsen.de

1. Auflage, 1. Druck 2023

Alle Drucke dieser Auflage sind inhaltlich unverändert
und können im Unterricht nebeneinander verwendet werden.

Druck: H. Heenemann, Berlin

ISBN 978-3-464-80257-1

ISBN 978-3-464-80758-3 (Lösungsdownload)

PEFC
PEFC/04-31-1156

PEFC zertifiziert
Dieses Produkt stammt aus nachhaltig bewirtschafteten Wäldern und kontrollierten Quellen.

www.pefc.de

4

Deutsch mit Olli

Testheft

Name: ______________________

____

Klasse: ______________________

Cornelsen

1 Welche Beschreibung passt? Verbinde.

Verben	Diese Wörter beschreiben, wie jemand oder etwas ist.
Adjektive	Mit diesen Wörtern kann man verschiedene Zeiten ausdrücken. Sie beschreiben, was Menschen, Tiere oder Dinge tun.
Nomen	Diese Wörter können bestimmt oder unbestimmt sein. Sie begleiten Nomen.
Artikel	Diese Wörter ersetzen Nomen.
Pronomen	Diese Wörter schreibt man immer groß. Sie können konkret oder abstrakt sein.

(5x1 P.)
5 Punkte

2 Verbinde mit der passenden Wortart.

EINE, DAS, DIE, EIN, DAS	Pronomen
DU, IHR, ES, WIR, SIE, ER	Artikel
LUSTIG, FREUNDLICH, KURZ	Verben
WINTER, SCHNEE, KÄLTE	Adjektive
LESEN, BADEN, WANDERN	Nomen

(5x1 P.)
5 Punkte

3 **Der**, **die** oder **das**? Schreibe die passenden Artikel zu den Nomen.

_______ Haus, _______ Tür, _______ Tisch, _______ Wand,

_______ Garten, _______ Tor, _______ Boot, _______ Anker,

_______ Muschel, _______ Segel, _______ Burg, _______ Sand

(12x0,5P.)
6 Punkte

4 Steigere die Adjektive.

leicht, ______________________, am ______________________

groß, ______________________, am ______________________

gut, ______________________, am ______________________

gesund, ______________________, am ______________________

(8 x 1 P.)
8 Punkte

5 Schreibe die Verben in allen Personalformen auf.

ich lerne, du ______________, er/sie/es ______________, wir ______________,

ihr ______________, sie ______________ / ich laufe, du ______________,

er/sie/es ______________, wir ______________, ihr ______________, sie ______________

(10 x 1 P.)
10 Punkte

6 Bilde zu jedem Verb das Präteritum.

kaufen – ich kaufte; lesen – wir ______________; singen – du ______________;

brennen – es ______________; sein – ich ______________; bitten – ihr ______________;

beißen – er ______________; fahren – du ______________; biegen – ich ______________

(8 x 1 P.)
8 Punkte

7 Verbinde die Pronomen mit den passenden Wortgruppen.

er	der Krankenpfleger
sie (Einzahl)	das Eichhörnchen
es	mein bester Freund und ich
wir	du und deine Nachbarin
ihr	die Fußbälle
sie (Mehrzahl)	die Musiklehrerin

(6 x 1 P.)
6 Punkte

8 Unterstreiche die fett gedruckten Wörter in der passenden Farbe: Nomen, Verben, Adjektive und Pronomen.

Ein **Hund rennt fröhlich** über die **Wiese**. Plötzlich **bellt er laut**. Hinter einer **Hecke steht** ein **kleines Reh**. **Es schaut kurz** und **läuft** dann in den **Wald**.

(16 x 0,5 P.)
8 Punkte

---

9 Unterstreiche die Redebegleitsätze.

Mia fragt: „Opa, backst du heute einen Kuchen?“
„Vielleicht später“, antwortet Opa. Mia bittet: „Ach Opa, bitte jetzt, ich helfe dir auch.“ „Ich muss doch noch Oma vom Bahnhof abholen“, sagt Opa. Mia schlägt vor: „Aber das kann doch auch Mama machen.“

(5 x 1 P.)
5 Punkte

---

10 Setze die passenden Satz- und Redezeichen ein.

[ ] Wir gehen heute zum See. Kommst du mit [ ] [ ] [ ] fragt Milo.

[ ] Ja, klar! Ich hole nur vorher noch meine Schwimmsachen [ ] [ ] antwortet Emil.

[ ] Und bring doch deinen neuen Wasserball mit [ ] [ ] sagt Milo zu seinem Freund.

(10 x 0,5 P.)
5 Punkte

---

11 Was bedeuten die Strategie-Symbole? Verbinde.

 Merkwörter

 Wörter ableiten

 Wörter großschreiben

 Wörter in Silben gliedern

 Wörter verlängern

(5 x 1 P.)
5 Punkte

12 Welche Wörter sind falsch geschrieben? Unterstreiche sie.

milo trifft sich heute mit sami im park. sie wollen sich ein eis kaufen. doch plötzlich zieht ein sturm auf. es fängt zu regnen an und die beiden jungen rennen nach hause.

(10x0,5P.)
5 Punkte

13 Schreibe nur die Wörter mit drei Silben auf. Zeichne Silbenbögen.

(3x1 P.)
3 Punkte

14 Markiere die verwandten Wörter mit den gleichen Farben.

Häuser	Bauarbeiter	rät	Hauswand	bauen	haltbar
häuslich	hält	raten	halten	Ratespiel	Gebäude

(12x0,5P.)
6 Punkte

15 Schreibe die passenden Merkwörter in die Lücken.

Vogel	Fuchs	sehr	Sahne	ob	Mai

Der ______ hat rotes Fell. / Der ______ sitzt im Baum und piept.

Ich mag Kuchen mit viel ______. / Ein Monat im Frühling: ______

______ es wohl heute regnen wird? / Ich gehe ______ gerne schwimmen.

(6x1 P.)
6 Punkte

16 **b** oder **p**? **d** oder t? **g** oder **k**? Fülle die Lücken aus.

der Hun__ der We__ der Urlau__ das Mikrosko__ der Schran__ das Ra__

das Bro__ der Kor__ die Han__ der Hu__ der Zwer__ das Geschen__

(12x0,5P.)
6 Punkte

1 Schreibe die Verbformen im Präsens und im Präteritum zu den Grundformen.

denken: er ____________, er ____________; sein: ich ____________, ich ____________;

gehen: wir ____________, wir ____________; laufen: du ____________, du ____________;

müssen: es ____________, es ____________

(10x0,5 P.)
5 Punkte

2 Schreibe die Verben im Perfekt.

er sang: er ____________________, sie rief: sie ____________________,

ich sah: ich ____________________, es ging: es ____________________,

wir lasen: wir ____________________, du riefst: du ____________________,

ihr trankt: ihr ____________________, er riet: er ____________________

(8x0,5 P.)
4 Punkte

3 Kreise die abstrakten Nomen blau ein.

das Gefühl   der Wal   der Alptraum   die Idee   der Roller   die Liebe

der Tisch   der Wunsch   der Apfelbaum   die Zeit   die Tante

(6x0,5 P.)
3 Punkte

4 Schreibe zu jedem Wort das passende Nomen mit **-heit**, **-keit**, **-nis** und **-ung**.

dunkel: die ____________________   erlauben: die ____________________

einladen: die ____________________   sauber: die ____________________

wild: die ____________________   heiter: die ____________________

erfahren: die ____________________   trocken: die ____________________

(8x0,5 P.)
4 Punkte

5 Markiere die Artikelwörter und die zugehörigen Nomen.

Mein neuer Roboter ist ein tolles Spielzeug. Er hat mehrere lange Arme und viele bunte Lichter. Manche Lichter blinken im Dunkeln. Sein Kopf kann sich drehen. Diese besondere Fähigkeit hätte ich auch gerne!

(14x0,5 P.)
7 Punkte

Themen: 1: Präsens und Präteritum 2: Präteritum und Perfekt 3: Abstrakte Nomen
4: Nomen mit -heit, -keit, -nis und -ung 5: Nomen/Artikelwörter erkennen

6 Baue den Satz um und bilde mit den Satzgliedern einen Aussagesatz und eine Frage.

Mila und Milo | fahren | schnell | mit ihrem Fahrrad | zur Schule .

____

____

____

(2x2 P.) **4 Punkte**

7 Steigere die Adjektive.

lieb, ________, am ________; klein, ________, ________;

stark, ________, ________; gut, ________, ________

(8x0,5 P.) **4 Punkte**

8 Verwandle die Nomen in Adjektive mit **-ig**, **-lich** oder **-isch**.

Freund: ________; Dreck: ________; Dieb: ________;

Natur: ________; Sonne: ________; Regen: ________

(6x1 P.) **6 Punkte**

9 Verwandle die Verben und Nomen in Adjektive mit **-bar**, **-los** oder **-sam**.

sparen: ________; essen: ________; biegen: ________;

Ende: ________; Strafe: ________; Geräusch: ________

(6x1 P.) **6 Punkte**

10 Setze die fehlenden Selbstlaute ein. Zeichne Silbenbögen.

die S__ndb__rg, die W__ss__rr__tt__, s__nn__g, die H__tz__,

(4x1 P.) **4 Punkte**

11 Markiere alle Satzanfänge und Nomen.

DIE KINDER GEHEN INS SCHWIMMBAD. DAS WETTER IST GUT. UND ES SIND FAST KEINE WOLKEN AM HIMMEL.

(8x0,5 P.) **4 Punkte**

1 Unterstreiche das Prädikat rot und das Subjekt blau.

Die Sonne scheint. Die Kinder gehen zum See. Mila trägt die Picknickdecke. Die Badesachen sind im Korb verstaut. Die Freunde trällern ein Lied.

(10x0,5P.) **5 Punkte**

2 Unterstreiche die beiden Teile des Prädikats rot.

Mila holt Ela ab. Naomi kommt auch mit. Sie fahren zusammen los. Die Mädchen kaufen noch ein. Endlich kommen sie bei Sami an.

(10x0,5P.) **5 Punkte**

3 Markiere die passende Vorsilbe.

ent- / zer-	decken	er- / aus-	malen	über- / ein-	kaufen	vor- / um-	singen

(4x0,5P.) **2 Punkte**

4 **Weil** oder **denn**? Setze die passende Konjunktion ein.

Ela holt Emil ab, ________ sie gehen heute zum neuen Spielplatz.

Sie freuen sich sehr, ________ es viele neue Spielgeräte gibt.

Ela ist aufgeregt, ________ die Rutsche sehr steil ist.

Man sollte schwindelfrei sein, ________ der Kletterturm ist sehr hoch.

(4x1 P.) **4 Punkte**

5 **k** oder **ck**? **z** oder **tz**? Löse die Rätsel und setze passend ein.

Die ________ führt über den Fluss. / Wenn es heiß ist, herrscht ________. / Der Posbote bringt ein großes ________. / Wenn es im Winter kalt ist, muss man im Haus die ________ anstellen.

(4x1 P.) **4 Punkte**

6 Setze **lk**, **nk**, **rk** und **lz**, **nz**, **rz** passend ein.

das He___, der Vu___an, der A___er, die Pfla___e, die Gu___e, das Ho___, aufme___sam, der Ba___ken, versche___en, der Ra___en, Ku___, das Sa___

(12x0,5P.) **6 Punkte**

Themen: 1: Subjekt und Prädikat 2: Zweiteiliges Prädikat 3: Verben mit Vorsilben 4: Konjunktionen weil/denn 5: Wörter mit ck und tz 6: Wörter mit lk, nk, rk und lz, nz, rz

7 Schreibe die wörtlichen Reden mit eingeschobenen Redebegleitsätzen in der richtigen Reihenfolge auf. Die Verben helfen dir.

Naomi: „Ich glaube, dafür reicht unser Geld nicht."
Milo: „Wollen wir auch noch Süßigkeiten kaufen?"
Sami: „Und wir dürfen uns Popcorn kaufen."
Mila: „Juhu, wir dürfen ins Kino gehen!"

| jubelt | antwortet |
| fragt | fügt hinzu |

____

____

____

____

____

(4x2 P.)
8 Punkte

8 Setze die lautmalerischen Verben passend ein.

| piepen | zischen | grollen | flackern |

Das Kerzenlicht ____________. / Bei Gewitter hört man den Donner ____________. /

Bei Gefahr ____________ Schlangen. / Der Vogel ____________ in seinem Nest.

(4x1 P.)
4 Punkte

9 Schreibe die Wörter mit x-Laut.

 der F____________

 der Kl____________

 die N____________

 der K____________

(4x1 P.)
4 Punkte

10 Schreibe zu jedem Nomen das passende Verb.

die Diskussion: ____________; die Kopie: ____________;

der Applaus: ____________; der Marsch: ____________

(4x1 P.)
4 Punkte

1 Frage nach den fett gedruckten Nomen.

Der Hund bellt. ______

Der Ball gehört **dem Hund**. ______

Der Junge ruft **den Hund**. ______

Das Fell **des Hundes** ist struppig. ______

(4x1 P.)
4 Punkte

2 Kreise alle Wörter der gleichen Wortfamilie mit der gleichen Farbe ein.

lief   wählerisch   Lesebuch   Läufer   Wahlzettel   lesbar   sie liest

er schwamm   Laufband   wählen   schwimmen   Schwimmflügel

(12x0,5P.)
6 Punkte

3 Markiere jeweils den Wortstamm. Immer ein Wort passt nicht. Streiche es durch.

Sinkflug singen gesunken	schießen er schloss abschließen	Stand Strand Stehplatz	Helfer hilfreich Heft

(16x0,5P.)
8 Punkte

4 Verbinde und schreibe die Wörter mit **ä** oder **äu** richtig auf.

das H★schen	der Raum	______
str★flich	lang	______
r★mlich	das Haus	______
l★nglich	strafen	______

(8x1 P.)
8 Punkte

5 Verlängere die Verben. Schreibe so: sie sa★t → sagen

sie schrei★t → ______ / er gi★t → ______

er flie★t → ______ / sie hu★t → ______

er trin★t → ______ / sie fra★t → ______

(6x1 P.)
6 Punkte

Themen: 1: Vier Fälle des Nomens 2: Wortfamilie 3: Wortstamm 4: Strategien anwenden: ä/äu
5: Strategien anwenden: Verben verlängern (b/P, g/k)

6 Setze die Sätze ins Futur.

Heute backe ich mit Opa. – Morgen ______

Heute geht Ela einkaufen. – Morgen ______

Heute regnet es. – Morgen ______

(3x1 P.)
3 Punkte

7 Markiere in der passenden Farbe: **Präteritum**, **Perfekt**, **Präsens**, **Futur**.

ich rannte | du bist gelaufen | wir raten | sie haben gerufen

du wirst klettern | es tropft | ihr spieltet | er wird gewinnen

(8x0,5P.)
4 Punkte

8 Bilde zusammengesetzte Nomen und schreibe sie mit Artikel auf.

die Schule	waschen
groß	die Sonne

+

der Vater	der Schirm
die Maschine	das Haus

______ ; ______

______ ; ______

(4x1 P.)
4 Punkte

9 Schreibe die Wörter mit Trennstrichen auf. Markiere den Trennstrich für eine sinnvolle Trennung.

Schulgebäude Raubtierkäfig Sonnenschirm Hundefutter

______ ; ______

______ ; ______

(4x1 P.)
4 Punkte

10 **ß** oder **ss**? Schreibe passend in die Lücken.

drau___en das Gewä___er der Bi___ das Gefä___ gie___en la___en

(6x0,5P.)
3 Punkte

11 Setze die passenden doppelten Mitlaute ein.

(5x1 P.)
5 Punkte

er re___t ihr mü___t sie schmo___t du schwi___st er ö___net

Themen: 6: Futur 7: Zeitformen von Verben 8: Zusammengesetzte Nomen 9: Wörter trennen
10: Wörter mit Doppel-s und ß 11: Doppelte Mitlaute am Wortstammende

1 Unterstreiche in jedem Satz das Dativobjekt.

Das Fahrrad gehört Sami.
Opa kauft seinem Enkel ein Eis.
Gestern war den Geschwistern langweilig.
Oma gibt mir ein Stück Pizza.

(4x1 P.)
4 Punkte

---

2 Unterstreiche in jedem Satz das Akkusativobjekt.

Ela trinkt eine warme Milch.
Opa liest seine Zeitung.
Mila besucht ihre Oma.
Papa kauft den Kindern ein Geschenk.

(4x1 P.)
4 Punkte

---

3 Mit jeder Frage kannst du ein Satzglied bestimmen. Verbinde passend.

Wem?	Was tut?	Wer oder was?	Wen oder was?
Prädikat	Subjekt	Dativobjekt	Akkusativobjekt

(4x1 P.)
4 Punkte

---

4 Setze die kleinen Merkwörter **ohne**, **ähnlich**, **bevor** und **jetzt** passend ein.

Tim und Tom sind Zwillinge. Sie sind sich sehr __________. / Vorhin war es noch hell. __________ ist es schon dunkel. / Mama geht morgens joggen, __________ sie zur Arbeit geht. / Ich gehe nie __________ mein Kuscheltier schlafen.

(4x1 P.)
4 Punkte

---

5 Setzte die Wörter passend ein.

Kamin	Biber	Igel	Trampolin

Ein __________ hat Stacheln. / Der __________ baut Staudämme. / Auf einem __________ kann man hüpfen. / Im __________ brennt ein Feuer.

(4x1 P.)
4 Punkte

---

6 Finde verwandte Wörter, die das **h** hörbar machen. Z.B. **der Sehtest – sehen**.

die Drehtür – __________, die Sprühflasche – __________,
der Turnschuh – __________, die Kuhweide – __________

(4x1 P.)
4 Punkte

7 Unterstreiche in jedem Satz die Ortsangabe.

Gestern verkauften wir Kuchen auf dem Pausenhof.
Morgen geht Mila mit ihrer Oma in das neue Einkaufszentrum.
Papa hat die neuen Winterstiefel aus dem Sportgeschäft.
Ela und Naomi sitzen im Schulbus.

(4x1 P.)
4 Punkte

8 Unterstreiche in jedem Satz die Zeitangabe.

Tim und Tom waren zwei Wochen im Urlaub.
Oma ruft im Urlaub jeden Tag bei ihrer Tochter an.
Sami und Milo waren gestern im Kino.

(3x1 P.)
3 Punkte

9 Richtig oder falsch? Kreuze an.

Typische Werbesprüche enthalten Adjektive, englische Wörter oder Reimwörter. ☐ richtig ☐ falsch

Typische Werbewörter sind **langweilig**, **schlecht** und **alt**.
☐ richtig ☐ falsch

(2x1 P.)
2 Punkte

10 Verbinde die Redewendungen mit den passenden Bedeutungen.

auf der Leitung stehen	sich beeilen
auf die Tube drücken	gut zuhören
die Ohren spitzen	etwas nicht verstehen
jemandem auf den Keks gehen	jemanden nerven

(4x1 P.)
4 Punkte

11 Markiere alle Merkwörter.

(6x0,5P.)
3 Punkte

Moos Bitte Ärger Mai Zahn rennen Tiger Ohr

Der Wiederholungstest zur Klasse 3 (Test 1) kann als Entscheidungsgrundlage für die Auswahl der Arbeitshefte Leicht/Basis oder Basis/Plus dienen.

Maximal zu erreichende Punktanzahl: 97 Punkte

- **Bis zu 64 Punkten** empfehlen wir, mit dem Arbeitsheft **LEICHT | BASIS** weiterzuarbeiten.
- **Ab 65 Punkten** empfehlen wir, mit dem Arbeitsheft **BASIS | PLUS** weiterzuarbeiten.

Einstufung der Einzelkompetenzen zur Lernstandserhebung

Test / Seite	Nr.	Kompetenzen Das Kind ...	sicher	teilweise	unsicher	SOLL-Pkt.	IST-Pkt.
Test 1 Seite 2	1/2	... kennt die Wortarten (Nomen, Verben, Adjektive, Artikel, Pronomen)				5/5	
	3	... kennt den bestimmten Artikel				6	
Test 1 Seite 3	4	... kann Adjektive steigern				8	
	5	... kennt die Grund- und Personalformen von Verben				10	
	6	... kann zu Verben das Präteritum bilden				8	
	7	... kann Pronomen zuordnen				6	
Test 1 Seite 4	8	... erkennt Wortarten (Nomen, Verben, Adjektive)				8	
	9	... erkennt Redebegleitsätze				5	
	10	... kann Rede- und Satzzeichen bei wörtlicher Rede einsetzen				5	
	11	... kennt die (Rechtschreib-) Strategie-Symbole				5	
Test 1 Seite 5	12	... kann Strategie anwenden: Wörter großschreiben				5	
	13	... kann Wörter in Silben gliedern				3	
	14	... kann Ä/ä und Äu/äu ableiten				6	
	15	... kennt Merkwörter				6	
	16	kann Wörter mit b/P, d/t, g/k am Ende richtig schreiben				6	
					Gesamtpunktzahl	97	

Einstufung der Einzelkompetenzen als Grundlage zur individuellen Förderung

Test 2 Seite 6	1	... kennt Verbformen im Präsens und Präteritum				5	
	2	... kennt Verbformen im Präteritum und Perfekt				4	
	3	... erkennt abstrakte Nomen				3	
	4	...kennt Nomen mit -heit, -keit, -nis und -ung				4	
	5	... erkennt im Satz Nomen/Artikelwörter				7	
Test 2 Seite 7	6	... kann Satzglieder umstellen				4	
	7	... kann Adjektive steigern				4	
	8	... kennt Adjektive mit -ig, -lich, -lisch				6	
	9	... kennt Adjektive mit -bar, -los, -sam				6	
	10	... kann Silben schwingen				4	
	11	... erkennt Großschreibung von Satzanfängen/Nomen				4	
					Punkte Test 2	51	

Test / Seite	Nr.	Kompetenzen Das Kind ...	sicher	teilweise	unsicher	SOLL-Pkt.	IST-Pkt.
Test 3 Seite 8	1	... erkennt Subjekt und Prädikat				5	
	2	... erkennt das zweiteilige Prädikat				5	
	3	... kann Verben mit Vorsilben bilden				2	
	4	... kennt Konjunktionen mit weil/denn				4	
	5	... kennt Wörter mit ck/k und tz/z				4	
	6	... kennt Wörter mit lk, nk, rk und lz, nz, rz				6	
Test 3 Seite 9	7	... kann Sätze in wörtlicher Rede und Redebegleitsätze ordnen				8	
	8	... kennt lautmalerische Verben				4	
	9	... kennt Wörter mit x-Laut				4	
	10	... kennt Verben mit -ieren				4	
					Punkte Test 3	46	
Test 4 Seite 10	1	... kennt die vier Fälle des Nomens				4	
	2	... kennt Wortfamilien				6	
	3	... erkennt den Wortstamm				8	
	4	... kennt Strategie „Ä/ä und Äu/äu ableiten“.				8	
	5	... kennt Strategie „Verben verlängern (b/P, g/k)“.				6	
Test 4 Seite 11	6	... kann Sätze im Futur bilden.				3	
	7	... kennt Zeitformen von Verben (Präsens, Präteritum, Perfekt, Futur).				4	
	8	... kann zusammengesetzte Nomen bilden.				4	
	9	... kann sinnvoll trennen.				4	
	10	... kennt Wörter mit Doppel-s und ß.				3	
	11	... kennt Wörter mit doppeltem Mitlaut am Wortstammende.				5	
					Punkte Test 4	55	
Test 5 Seite 12	1	... kennt das Dativobjekt.				4	
	2	... kennt das Akkusativobjekt.				4	
	3	... kennt Satzglieder.				4	
	4	... kennt kleine Merkwörter.				4	
	5	... kennt Merkwörter mit langem i.				4	
	6	... kennt Wörter mit silbentrennendem h.				4	
Test 5 Seite 13	7	... kennt Ortsangaben.				4	
	8	... kennt Zeitangaben.				3	
	9	... kennt Werbewörter und Werbesprüche.				2	
	10	... kennt Redewendungen.				4	
	11	... kann Wörter mit der Strategie „Merken“ erkennen.				3	
					Punkte Test 5	40	
					Gesamtpunktzahl	192	

Inhalt

Deutsch mit Olli 4 Testheft

Redaktion: Julia Kluge
Illustration: Sandra Reckers (S.5 Regenmantel, Zahnbürste, Auge, S. 9 Fuchs, Nixe), Axel Nicolai (S.5 Fisch, Delfin, Blume, Krokodil, Papagei, S. 9 Klecks), Christian Bartz (S. 9 Keks), Petra Eimer (Papagei Olli)
Umschlaggestaltung: Corinna Babylon und Jule Kienecker, Berlin
Umschlagillustration: Petra Eimer
Layoutkonzept: Corngreen, Leipzig
Technische Umsetzung: Reemers Publishing Services GmbH, Krefeld

www.cornelsen.de

1. Auflage, 1. Druck 2023

Alle Drucke dieser Auflage sind inhaltlich unverändert
und können im Unterricht nebeneinander verwendet werden.

Druck: H. Heenemann, Berlin

Dieses Heft ist Bestandteil der Arbeitshefte Olli 4 Sprachbuch Leicht/Basis (ISBN 978-3-464-80257-1) sowie Olli 4 Sprachbuch Basis/Plus (ISBN 978-3-464-80258-8) und ist nicht einzeln bestellbar.
Es kann im 10er-Pack nachbestellt werden (ISBN 978-3-464-80755-2).

PEFC zertifiziert
Dieses Produkt stammt aus nachhaltig bewirtschafteten Wäldern und kontrollierten Quellen.
www.pefc.de
PEFC/04-31-1156